青少年 認知的 沒落을 中心으로

청소년
자살행동과
특성

靑少年 認知的 沒落을 中心으로

청소년
자살행동과
특성

윤성일 · 안홍선 지음

한국학술정보㈜

머리말

본서는 필자의 대학원 석사논문인 "靑少年의 自殺 行動에 관한 硏究"를 재구성해 엮은 것으로 Baumeister의 자살 이론을 근거로 해서 중·고교 청소년들의 자살 행동을 이상－현실 괴리와 인지적 몰락이라는 심리적인 기제로 설명될 수 있는지를 검증 및 규명하는 것으로 연구하였다.

온양지역 남녀 중학생 110명, 고등학교 인문반 101명, 직업반 78명을 대상으로 선행연구에서 타당도와 신뢰도가 입증된 '이상－현실의 괴리 척도', '자기로부터의 도피 척도', '자살 생각 척도'를 설문지 형식으로 구성하여 측정하였다.

그 결과, 이상－현실의 괴리가 인지적 몰락 상태를 유발하는 집적적인 원인이라는 Baumeister의 이론은 명확하게 지지되지 않았다.

그러나 발달적 특성상 청소년들에게서 어렵지 않게 나타날 수 있는 자살 행동은 인지적 몰락이라는 요인에 의해 설명 가능함을 보여주었다. 이러한 결과는 청소년기의 자살 행동과 같은 극단적인 자기 파괴 행위 문제에 대하여 새로운 인식과 접근, 그리고 보다 적극적인 예측 및 대응책 강구가 필요함을 시사한다.

끝으로 출판을 물심양면으로 도와주신 한국학술정보(주) 사장님과 관계 직원들께 깊은 감사를 드린다.

2012년 6월
윤성일 · 안홍선

차례

Part 01

청소년 자살 행동 개요

1. 청소년 자살 징후

자살은 아동 후기부터 노년기까지 거의 전 생애에 걸쳐 보일 수 있는 자기 파괴적 행위라 할 수 있으며, 특히 청소년기의 연령에서 가장 발생률이 높은 치명적인 행위이다. 사람들은 어려운 삶에 대한 최후의 피난처로 여러 가지 경제적·상황적 혹은 심리적인 고통에서 벗어나기 위하여 자살이라는 극단적인 방법을 택하기도 한다. 그러나 자살 행위는 다양한 동기, 의미, 부정적인 생활 사건이나 스트레스 등이 합류되어 나타나는 최종적인 결과이므로, 개개인이 보이는 자살 행위를 어느 한 가지 이유나 단일한 심리적 과정으로 설명할 수는 없을 것이다.

역사적으로 볼 때, 자살이라는 주제는 Camus나 Kierkegaard와 같은 실존주의 철학자들에 의해 중요한 철학적 문제로 부각되어 사변적으로 다루어졌다. 그 이후 자살에 대한 체계적인 연구로는 19세기 말 이후 Durkheim에 뒤이은 많은 사회학자들과 정신분석학자들에 의한 연구가 주축을 이루었고, 심리학 영역에서는 20세기 초반부터 이에 관심을 가지게 되었다(Sheidman와 Mandelkom, 1976).

또한 자살 시도는 그 방법이 성공적이기만 하다면 결코 돌이킬 수 없는 결과를 초래할 뿐 아니라 그러한 행동이 가족들이나 주변 사람들에게 미치는 파급 효과가 매우 크다는 점을 감안할 때, 이제는 자살 행위를 유발하는 위험 요인들에 대해 체계적으로 연구하고, 이에 대한 예방책을 강구하는 것이 매우 중요하다고 생각된다.

최근에는 일반인이 지닌 '자살에 대한 생각'을 연구하여 자살 행동에 접근하려는 움직임이 시작되었다(Paykel 등, 1974; Schwab 등, 1971; Vandivort와 Locke, 1979).

이러한 연구들의 기본 가정은 자살 행동을 자살에 대한 생각에서 자살 행동으로 연결되는 하나의 연속선으로 가정하는 것이다.

Paykel과 그의 동료들(1974)은 일반인을 대상으로 자살에 대한 가능성을 자살에 대한 생각만 지닌 자살 생각 차원, 자살 위협 차원, 경미한 정도의 자살 시도 차원, 심각한 정도의 자살 시도 차원 등 4가지 차원으로 나누어 연구하였다.

그 결과를 보면 자살 시도의 가능성이 높은 차원에 표시한 사람들은 그보다 경미한 가능성에도 모두 표시하였다(Paykel 등, 1974).

Carlson와 Cantwell(1982)은 일반인들이 지닌 자살에 대한 생각을 조사하고 후속 연구로서 이들의 자살 시도율을 조사하였다. 그 결과, 자살에 대한 생각이 심각했던 사람들의 42%와 경미했던 사람의 34%가 후에 자살을 시도한 것으로 나타났다. 그러나 자살에 대한 생각을 전혀 가지고 있지 않던 집단에서는 한 명도 자살 시도를 하지 않은 것으로 나타났다(Carlson와 Cantwell, 1982).

이와 같은 결과를 통해 Simon와 Murpy(1985)는 아주 경미한 수준의 자살에 대한 생각이라도 후에 더 심각한 자살에 대한 생각으로 발전되거나 바로 자살 기도로 연결될 수 있다고 보았다. 따라서 그들의 자살에 대한 생각의 심각성보다는 자살에 대한 생각을 지니고 있는지를 알아보는 것이 더 중요하다고 보았다.

우리나라의 연구로써 중학생, 고등학생 그리고 대학생을 대상으로 자살 충동률과 자살 기도율을 조사한 민병근, 이길홍 등의 연구결과(1986)에서는 자살 충동률이 높은 집단에서 자살 기도율이 역시 높은 것으로 나타났다. 이러한 연구결과에 근거하여 볼 때 자살 충동이나 이에 대한 생각이 반드시 자살 시도로 이어지는 것은 아니나 후에 자살 시도의 한 가지 예언지표가 될 수 있으며 더 나아가 자살에 대한 생각을 일으키는 원인을 정의함으로써 자살 행동의 유발요인을 찾을 수 있다(Beck 등, 1979; Simon와 Murphy, 1985).

1980년 이후 자살에 관한 몇몇 연구(심영희, 1986; 유순향과 김일순, 1981)에 의하면 우리나라의 자살률이 증가하고 있으며, 이는 외국에서도 마찬가지이다(Brent, Perper와 Allman, 1987; Ray와 Johnson, 1983). 특히 청소년의 자살은 한국 청소년의 사망원인에서 3위를 차지하고 있고(최진숙, 1991; 체육청소년부, 1992), 1983년도 경제기획원 통계에 의하면 15세에서 24세에 이르는 청소년의 자살률은 10만 명당 28.6명으로 전체 평균보다 높다. 미국의 경우에도 성인의 경우에는 자살이 사인 중 9번째 요인이나, 대학생의 경우에는 2번째 요인이 되고 있으며, 자살한 사람 중 12%가 20세에서 24세에 연령 범위에 속하였다. 그리고 1974년에 20~24세의 자살률은 인구 10만 명당 26.8명으로 전체 평균인 13명의 두 배가 되었다(Murphy와 Wetzel, 1980). 이처럼 다른 어느 연령에서보다 청소년기에서의 자살은 심각한 문제가 되고 있다.

이와 같이 청소년의 자살이 심각한 문제가 되고 있음에도 불구하고 이에 대한 연구는 부족한 실상이다. 사실, 자살을 연구한다는 것은 이미 죽은 사람을 대상으로 하기 때문에 연구 자체가 쉽지 않고, 또한 자살에 실패한 자살 기도자에 대한 연구는 그 결과가 자살자를 대변하지 못할 수도 있다. 자살 연구에 있어 위와 같은 제한이 있다는 전제를 갖는다. Baumeister의 이론은 자살에만 국한된 것이 아니며, 그는 자살뿐만 아니라 알코올 및 약물 남용, 성적 방종, 충동적 과식, 반사회적 행위들이 모두 자기 파괴적 행위에 포함되므로, 그러한 행위들도 인지적 몰락 요인으로 설명될 수 있다고 주장하고 있다.

그러나 본 연구에서는 자살 생각 및 자살 시도 경험과 인지적 몰락 간의 관계만을 살펴보았으므로, 자살 이외의 자기 파괴적 행위와 인지적 몰락 간의 관계는 앞으로 더 연구되고 규명될 문제라 생각된다.

2. 청소년 자살 징후 연구방법

본 연구에 있어서 주된 가설은 인지적 몰락이 청소년의 자살 생각과 극단적인 자기 파괴적인 선택을 초래할 가능성이 매우 높다는 것이다. 또한 부차적인 가설은 Baumeister(1992)의 이론 '자기로부터의 도피'과정의 첫 출발점이 되는 개인이 이루고자 하는 기대 수준과 현실 사이의 괴리가 인지적 몰락에 매우 큰 영향을 주어 자살 생각에 이르게 한다는 것이다. Baumeister(1992)는 이상―현실의 괴리를 인지적 몰락에 대한 가장 원거리 요인으로 이론화하였다. 그의 이론에 의하면 인지적 몰락을 결정하는 요인은 이상-현실 괴리 이외에도 부정적 정서, 실패에 대한 내적 귀인, 첨예화된 자의식 등 여러 가지가 있다. 따라서 이상-현실의 괴리와 인지적 몰락의 관계에 대한 검증이 Baumeister(1992) 이론 전체에 대한 검증은 아니다. 그러나 이상-현실의 괴리는 인지적 몰락이라는 이론적 구성개념과 그것을 기초하여 만들어진 측정도구의 타당도에 대한 중요한 정보를 제공할 것으로 사료된다.

따라서 본 연구에서는 우선, Baumeister(1991)의 자살 이론에 입각해서 청소년 집단을 대상으로 이상-현실의 괴리가 자살 생각을 얼마나 잘 변별할 수 있는지에 대하여 알아보았다. 또한 두 연속변인(이상-현실 괴리, 인지적 몰락)이 청소년의 자살 생각과 자살 시도(극단적인 자기 파괴 행동)를 얼마나 잘 설명해 주는지를 연구 검증하는 데 있다.

Part 02

자살에 관한 이론적 배경

1. 자살에 대한 사회학적 연구

자살이란 주제가 체계적으로 연구되기 시작한 것은 Durkheim이 1897년 『Le Suicide』라는 그의 획기적인 저서에서 처음으로 자살에 대한 사회학적 연구 결과를 발표하면서부터였다. Durkheim(1987)은 그의 저서에서 자살의 원인이 개인보다는 사회에 있다고 생각하여, 유럽 각국들과 미국에서의 자살률을 여러 사회학적인 변인들상에서 비교하였다. 그 결과 자살률은 개인이 속한 사회에 통합된 정도에 반비례한다는 결론에 도달했다. 그는 개인이 사회에 통합되고 통제되는 정도에 따라 자살을 4가지 유형－이기적·이타적·가치혼란적, 그리고 숙명론적인 자살－으로 구분하였다. 이기적 자살(egoistic suicide)은 지나친 개인주의 혹은 사회에 대한 불충분한 통합 결과 야기된 자살을 말하고, 이타적 자살(altruistic suicide)은 개인이 사회에 지나치게 통합된 나머지 자신보다는 자신이 속한 사회집단을 더 중요하게 생각한 결과로 자살하게 되는 것이며, 가치혼란적 자살(anomic suicide)은 사회가 개인의 삶에 필요한 법규와 질서를 더 이상 제공하지 못한다고 느낄 때 보일 수 있는 것으로, 급작스런 사회 변동 기간에 발생할 가능성이 많다. 숙명론적 자살(fatalistic suicide)은 개인은 개인이 선택하거나 통제할 수 없는 강력한 사회적 속박하에 개인의 삶이 종속되어 있어서 자포자기적으로 살아가는 노예나 포로, 원하지 않은 결혼에 얽매인 경우에 보이는 자살을 말한다.

Durkheim에 뒤이은 사회학자들의 연구는 인구 과밀, 이혼, 경기 침체와 같은 열악한 사회적 환경 조건, 사회 구조의 붕괴, 사회적 고립, 사회 병리 등과 같은 사회적 요인들과 자살 간의 관계를 살펴보았다. 이러한 연구는 열악한 사회적·경제적 조건과 자살 행위 간에 관계가 있음을 입증하였다. Durkheim의 사회적 통합 가설(hypothesis of social integration)은 완전하지는 않으나 합리적이고 옳으며, 자살 연구에 기여한 바가 크다고 할 수 있다(Trout, 1980; Douglas, 1967; Hendin, 1982).

그러나 사회학적 연구들의 공통적인 문제점은 자살을 외적 요인에 입각해서 설명하려 했을 뿐 개인적인 요인을 전혀 고려하지 않은 것이라고 할 수 있다. 단순히 여러 사회적 요인들과 자살률 간의 상관을 살펴본 연구들이 대다수이므로 자살과 관련된 개인 내적인 요인들을 상충적으로 이해하는 데 기여하지 못했다고 생각된다.

2. 자살에 대한 정신 분석적인 연구

정신분석가들은 자살 행위를 일으키는 개인 내적인 갈등과 무의식적인 환상을 이해하는 데 관심이 있었다(Adam, 1990). Freud는 그의

논문 "Mourning and Melancholia"(1917)에서 "사랑하는 대상의 상실로 인해 생기는 견딜 수 없는 고통과 분노로 말미암아 사랑하는 대상을 계속 유지하고자 그와 동일시하게 되고, 동일시 결과 자신의 일부로 내재화된 사랑하는 대상에 대한 강렬한 공격성이 결국 자살을 이끌게 된다"는 가설을 제시하였다. 이런 견해는 자살을 '내부로 향해진 분노(angerturned inward)'로 개념화한 것인 반면, Hendrick(1940)과 Friedlander(1940)는 강한 자살 충동을 가진 환자들의 사례 연구에서 그들이 이상화된 내적 대상과 재결합하는 환상을 많이 가지고 있음을 관찰하여 자살 행동에서 성욕적인 측면도 중요함을 지적하였다.

Meninger(1966)는 『Man again Himself』라는 저서에서 자살 행위를 일으키는 기저의 정신 역동적 동기를 3가지로 구분하였다. 죽이고자 하는 소망, 죽음을 당하고 싶은 소망, 그리고 죽고 싶은 소망이 바로 그것이다. 죽이고자 하는 소망은 공격성·비난·규탄·제거·파멸·복수 등으로 기술될 수 있으며, 죽임을 당하고 싶은 소망은 복종·피가학성·자기비난·자기규탄으로 기술될 수 있고, 죽고 싶은 소망은 절망·공포·피곤·낙망·고통 등으로 자살하는 것을 기술한다. Meninger는 세 가지 동기가 모든 자살 행위에 관여되어 있음을 강조하였으나, 연구 결과 죽이고자 하는 소망과 죽임을 당하고 싶은 소망의 강도는 연령에 따라 감소하고, 죽고 싶은 소망은 연령에 따라 증가하는 것으로 나타났으며, 이와 같은 동기상에서 성차는 발견되지 않았다(Farberow 와 Sheidman, 1976). 이러한 결과는 세 가지 정신 역동적인 동기가 자살 행위에 관여되는 정도가 연령에 따라 달라 달라질 수 있고, 모든 자살 행위에 분노와 적대감이 개입되어 있음을 함축한다.

그런데 최근의 연구들은 자살에 대한 정신 역동적인 가설을 반박

하는 증거들을 제시하고 있고, 또한 전통적 정신 분석적 견해에 입각한 연구들은 모호하고 추상적인 구성개념을 실증적으로 측정하지 못했으며, 대부분 이론적 고찰과 사례 연구에 국한되어 있다는 단점을 지니고 있다.

3. 인지 이론: 절망(hopelessness) 이론

자살 행위와 관련된 정신 병리는 정신 분열증과 같이 심각한 정신 병적 장애에서부터 우울증, 급성 적응 장애, 성격 장애, 약물 남용 및 알코올 중독에 이르기까지 광범위하다(Murphy, 1986). 정신 병리를 겪고 있는 집단을 대상으로 한 연구, 특히 우울증 환자를 대상으로 한 연구에서는 우울증이 자살과 관련된 가장 중요한 위험 요인이라는 사실을 입증하였다(Klerman, 1987). 이에 대해 Beck(1967)은 우울증의 정서적인 증상보다는 인지적인 증상인 절망(hopelessness)이 자살과 가장 관련이 있을 것이라는 가설을 제시하였다. 절망이란 "미래에 대한 부정적인 생각, 즉 자신이나 어느 누구도 불행이나 고통을 변화시키기 위해 아무것도 할 수 없고 아무것도 이루어지지 않을 것이라는 신념"이다(White, 1989). Beck의 이론이 우울증 환자 집단에서 보이는 자살 행위를 설명하고 예측하는 데는 매우 적절하고 핵심적인 요인이라 할 수 있으나, 우울증 외의 임상 집단이나 비임상 집단에서 보이는 자살 행위를 설명하는 데는 불충분하거나 적절하지 않을 가능성이 여러 연구에서 지적되었다. 자살에 대한 장기적인 스트레스 모델(Jacobs, 1971)에서는 자살 행위를 오랫동안 지속된 심리적 고통의 결과로 보고 있다. 즉 자살을 "장기간의 가족 갈등 및 부정적인 생활 사건, 그에 대해 비효율적인 대처 기술, 점진적인 사회적 고립, 희망의 상실을 초래한 외상적 경험, 그리고 자살 시도로 이어지는 장기적이고 연속적인 과정"으로 보고 있다. 반면에 자살에 대한 위기 모델(Sarason와 Sarason, 1984)은 자살을 갑작스런 실패나 좌절, 상실 경험에 대한 급성 반응으로 기술하고 있다. 따라서 자살에 대한 장기적인 스트레스 모델에 따르면 절망은 우울증과 같은 만성적인 정신 병리에 뿌리를 두고 있는 장기적인 위험 요인으로 간주될 수 있지만, 비임상 집단에서 급성 위기에 대한 반응으로 보이는 자살 행위에는 장기적인 위험 요인보다는 단기적인 위험 요인이 더 개입되어 있을 가능성이 많다. 단기적인 위험 요인으로는 특정한 정신 병리에 기인된 것이라기보다는 갑작스런 상실 경험이나 실패와 같은 심리 사회적인 스트레스나 충동성을 들 수 있다.

Reynolds(1987)는 우울하지 않으면서 자살 행위를 보이는 사람이 많다는 것을 보고하였다. 자살이 가장 극단적인 자기 파괴적 행위일 것이나 약물이나 알코올 남용, 성적 방종, 충동적 과식 등도 자기 파괴적 행위에 포함되므로(Baumeister, 1991), 이러한 행동을 자주 보이는 경계선 성격 장애나 히스테리성 성격 장애, 그리고 급성 스트레스에 의한 적응 장애 집단에서는 절망보다는 정서적 불안정성이나 충동성이 자살 행위를 일으키는 주된 요인으로 작용할 가능성이 있다.

4. Baumeister의 자기로부터의 도피로서의 자살

Baumeister(1991)는 자살을 '자기로부터의 도피', 즉 "자기와 관련된 고통스런 감정과 생각으로부터 도피하기 위한 수단"으로 개념화하였다. 이러한 개념에 입각해서 그는 자살에 이르는 도피 과정을 다음과 같이 상정하였다.

(1) 개인이 이루고자 하는 기대 수준은 높은 데 비해 현실적인 상태는 그에 미치지 못할 때, 기대와 현실 간의 괴리가 생기게 되고, (2) 기대와 현실 간의 괴리가 생긴 이유를 자신의 탓으로 돌려서 자기 비난과 부정적인 자기 평가를 하게 되며, (3) 주위의 초점이 자기에게 돌려져서 고통스런 자기 자각이 더욱 첨예화되고 자신에 대해 더욱 부정적으로 평가하게 되며, (4) 그러한 결과로 자신에 대한 부정적인 정서 상태가 초래된다. (5) 개인은 이런 고통스런 생각과 감정을 없애 줄 수 있는 강력한 수단을 갈구하게 되어, '인지적 몰락(cognitive deconstruction)' 상태가 유발된다. 인지적 몰락이란 정신 기능의 협소화(mental narrowing)로서 모든 사상에 대해 의미를 부여하기를 거부하고 모든 것을 피상적·무가치적으로 지각하고 해석하는 정신 상태를 말한다. 이러한 상태는 자살을 지적하는 여러 가지 내적 억제력을 약화시키는 기제가 되어, 결국 부정적으로 인식된 자신과 부정적인 감정으로부터 탈출하려는 수단으로서 자살과 같은 극단적이고 자기 파괴적인 선택을 하게 된다. 자신에 대한 고통스런 생각 및 감정으로부터 벗어나고자 하는 강렬한 충동결과로 초래된 인지적 몰락 상태는 자살 행위뿐만 아니라 알코올 및 약물 남용, 성적 방종, 충동적 과식 등 다양한 자기 파괴적 행위와도 관련되어 있다고 주장하였다. Baumeister는 이와 같은 인지

적 몰락 상태에 있는 사람들의 특성을 시간적 조망의 축소(shrinking of time perspective), 구체성, 장기적인 목표의 결여(absence of distal goal), 의미의 거부(rejection of meaning), 탈억제, 수동성 및 무책임성, 정서적 결여(lack of emotion), 그리고 비합리적인 사고 등으로 기술하였다.

가. 시간적 조망의 축소

자살 시도자들은 과거나 미래에 대해 혐오적이거나 불안하게 생각하므로 현재의 순간에만 관심을 갖게 된다. 이를 입증하는 증거들은 여러 연구에서 보고되었다. Iga(1971)는 자살 생각을 가진 사람들이 단기간의 시간적 조망을 가짐을 관찰하였고, Neuringer와 Harris(1974)는 시간 지각에 대한 실험 연구에서 자살 시도자들이 통제 집단에 비해 실험적으로 통제된 시간 간격을 더 길게 지각하며, 미래에 대해 생각하기를 어려워한다는 결과를 얻었다. Yufit와 Benzies(1973)도 자살 위험이 높은 환자들이 통제 집단에 비해 과거에 대한 부정적인 견해를 갖고 있으며 미래에 대한 계획을 가지지 못함을 발견하였다.

나. 구체성

Sheidman(1987)은 자살 시도에 선행하는 사고 과정을 '터널 비전(tunnel vision)'이라는 용어로 기술하였다. 이는 즉각적인 것에만 구체적이고 협소하게 관심을 갖는 것으로, 의미 있고 통합적인 사고를 회피하는 것을 말한다. 정신적인 고뇌를 나타내는 추상적인 용어들로 가득 찬 몇몇 영향력 있는 작가들의 자살 기록과는 달리, 자살 시도자들의 사고가 구체적이고 감각적인 특성을 지닌다는 것이 여러 연구에서 보고되었다. 자살한 사람들이 남긴 자살 노트를 내용 분석한 결과에서 추상적인 단어의 사용이 매우 결여되어 있는 것으로 나타난 점(Henken, 1976), 자살 생각을 많이 하거나 자살 시도를 한 대학생들이 창조적이거나 추상적 사고보다는 단순하거나 깊게 생각할 필요가 없는 바쁜 일에 몰입했었다는 연구 결과(Hendin, 1982)가 이를 지지해준다. 단순하고 바쁜 일에 몰두하는 것은 일상생활에서 경험하는 사상들에 대하여 의미를 부여하고, 그것들이 자신이나 자신과 관련된 사람들, 그리고 미래에 대해 암시하는 바를 숙지하는 것을 부정하고 회피하고자 하는 노력을 내포할 수 있다.

다. 장기적 목표의 결여

현재의 감각적인 경험과 단순하고 기계적인 일에만 주의 집중함으로써 미래의 목표와 자신의 행동의 결과에 대해 덜 생각할 수 있게 된다. 이러한 장기적인 목표의 결여가 인지적 몰락 상태의 특징으로, 자살 시도를 하는 사람들이 장기적인 계획 능력의 결여와 충동적인 성향을 가진다는 보고가 있다(Bhagat, 1976; Cantor, 1976).

라. 의미의 거부

자살 시도자들이 일, 사랑, 사회적 규범, 대인 관계 등 인생의 모든 영역에 있어서 의미를 부정하고 상황에 대한 대안적인 해석을 회피한다는 것을 보여 주는 여러 증거가 있다(Douglas, 1967). Sheidman(1987)

이 제시한 '터널 비전' 개념도 자살 시도자들이 의미 있고 통합적인 사고를 회피한다는 것을 나타내 주며, 새로운 아이디어나 대안적인 해석을 받아들이는 능력의 결여를 함축한다. Neuringer(1964)는 자살 시도를 한 사람들이 통제 집단에 비해 극단적이고 흑백 논리적인 사고를 많이 보이므로 타협의 여지가 없음을 발견하였고, 여러 연구자들은 자살자들의 정신 상태는 인지적으로 경직되어 있는 점이 특징이라고 지적하고 있다. 이러한 인지적 경직성은 원하지 않는 생각이 떠오르는 것을 방지하려는 노력으로 해석될 수 있다.

인지적 몰락 상태에서는 모든 것을 피상적이고 무가치적으로 생각한다. 의미 있는 사고를 회피하는 것이 정신 기능의 협소화에서 핵심적인 특성이다. 신체에 여러 의미, 생각 등이 부가되어 자기-정체감(self-identity)이 형성되므로, 자기는 여러 가지 의미로 구성되어 있다고 할 수 있다. 따라서 자기로부터의 도피는 의미의 거부를 필요로 한다. 의미 있는 사고의 거부는 신체로부터 의미를 제거시키며, 그 결과, 자기와 관련된 고통스런 정서를 회피할 수 있게 한다.

마. 탈억제

Baumeister(1991)는 일부 자살 시도자들이 보이는 충동성은 인지적 몰락 상태에서 야기된 '행동에 대한 내재화된 억제력의 약화'를 반영하며, 반드시 성격 특질을 나타내는 것은 아니라고 말했다. 대부분의 사람들은 자기 보존의 욕구, 내재화된 사회 규범, 가족에 대한 책임, 행복한 미래에 대한 기대 등과 같은 요인들 때문에 실제로 자살 생각을 행동화하지 못하지만, 자살 시도를 하기 위해서는 이러한 억제 요인들이 극복되어야 한다. 자기 보존, 사회적 규범, 책임감 등에 대한 의미의 소실을 유발하는 인지적 몰락이 바로 억제력을 제거하는 기제가 된다. 자아 정체감이 망각되었을 때, 행동에 대한 억제 기능이 작용하지 않는다는 보고가 있다(Diener와 Wallbom, 1976).

바. 수동성 및 무책임성

수동성은 의미의 거부와도 관련되어 있다. 왜냐하면 적극적인 솔선성(initiative)은 자기의 능력과 목표를 평가하고 계획하며, 자신이 하는 행동이 무엇을 의미하는지를 고려하는 것을 필요로 하는 반면, 수동성은 자신의 행동에 책임지는 것과 자기에 대한 평가를 회피하게끔 하기 때문이다. Linehan 등(1987)의 연구에서 자살 시도자들이 더 수동적인 문제 해결 방략을 사용함을 보여 주었다. Ringel(1976)은 임상 관찰을 통하여 자살 위험이 높은 사람들이 수동적인 행동 특성을 보인다는 것을 보고하였다. 또한 Gerber 등(1981)은 자살 시도를 하여 입원한 환자들이 자신들의 행동에 대한 책임을 부정하는 경향이 있음을 제시하였다. 자살 생각이 외부 환경을 통제할 수 있다는 지각된 통제감의 감소와 관련되어 있으며, 자살 시도자들이 외적인 통제 소재를 가진다는 것을 나타내주는 많은 지표가 있다(Melges와 Weisz, 1971; Gerber et al. 1981).

외적인 통제 소재를 가진 사람들은 어떠한 사건이 자신으로서는 어쩔 수 없는 힘(예를 들면, 운명, 행운, 우연 등)에 의해 일어났다고 생각하므로 자신들의 행동에 대해 책임지는 것을 회피하게 된다. 무책임한 행위는 자기를 관여시키지 않는다. 이러한 범주에 속하는 행위가 충동적인 행위로, 이는 계획이나 숙고함이 없이 무책임하게 어떤 행위를 하는 것이다. 알코올이나 약물 남용이 대표적인 무책임한 행위라 할 수 있다.

사. 정서적 결여

William과 Broadbent(1986)는 단서가 주어진 회상 기법(cued recall technique)을 사용한 실험에서 피험자들에게 정서를 나타내는 단어(예: 행복한, 슬픈, 놀란, 외로운)들을 제시한 후, 그러한 정서와 관련된 특정한 경험을 기술하도록 요청하였다. 예를 들면, 실험자가 '슬픔'이라는 단어를 말해 주면 피험자는 슬프게 느꼈던 과거 경험을 기술하도록 하였다. 이때 반응 속도는 피험자들이 여러 가지 정서와 관련된 기억을 떠올리는 데 얼마나 용이한지를 나타내는 지표로 간주될 수 있다. 실험 결과, 자살 시도자 집단이 통제 집단보다 정서적 경험을 떠올리는 데 더 힘들고 오랜 시간이 걸리는 것으로 나타났다. 이러한 결과는 자살 시도자들이 그들의 고통스런 과거 기억으로부터 멀어지려고 노력한 결과, 정서적으로 무감각해진 상태임을 시사해 줄 수 있다.

인지적 몰락 상태에서는 자기와 관련된 부정적인 정서로부터 도피하게 되어 감정의 결여가 뒤따르게 된다. 자살 시도자들 가운데 불쾌하거나 고통스러운 감정 상태를 엿볼 수 있는 어떠한 단서도 나타내지 않은 사람들이 많이 있다. 그들이 최근에 급작스런 위기나 좌절 경험을 했으므로 우울하거나 불안한 상태일 것이라는 예상과는 달리 이는 다소 놀라운 관찰이다. 이러한 결과는 자살 시도자들이 그들 스스로가 정서적으로 무감각해지려고 노력했음을 나타내는 것으로 해석될 수 있다.

아. 비합리적 사고

인지적 몰락 상태에서는 비합리적 생각을 보일 취약성이 높아지게
된다. Bonner와 Rich(1987)는 대학생 집단을 대상으로 연구를 수행하여
자살 생각과 자살 의지가 인지적 왜곡, 비합리적 생각과 관련이 있다
는 결과를 얻었다. Ellis, Katharine, 그리고 Ratlifl(1986)도 우울증으로
정신과에 입원한 환자들을 대상으로 위와 동일한 결과를 얻었다. 그
들은 자살 생각을 한 적이 없는 20명의 정신과 입원 환자들에게 Beck
의 우울 척도와 절망 척도, Weissman(1980)의 역기능적 태도 척도, 그
리고 Jones(1968)의 비합리적 신념 척도를 실시한 후, 중다 변량 분석
을 사용하여 각 척도 점수상에서 두 집단 간의 차이가 있는지를 알아
보았다. 그 결과, 두 집단 간에 우울증 점수에서는 유의미한 차이가
없었으나, 자살 시도 집단이 자살 시도를 하지 않은 집단보다 통계적
으로 유의미한 수준에서 높은 절망 점수와 역기능적인 인지, 그리고
비합리적 생각을 보이는 것으로 나타났다. 이러한 연구 결과는 자살
시도를 한 사람들이 그들의 삶을 의미 있고 현실적인 방식으로 생각
하지 못하며, 삶에 대해 비합리적인 생각을 가지고 있음을 보여 주는
것이라 할 수 있다.

Baumeister가 처음으로 자기 파괴적 행동을 일으키는 잠재적인 심
리적 구인을 '인지적 몰락'이라는 용어로 개념화하였지만, 자살과 관
련된 기존의 이론들에서 이에 상응하는 유사한 개념을 찾아볼 수 있
다. 예를 들면, Sheidman(1986)은 자살 행위를 일으키는 가장 위험한
요인이 정서와 인지 영역에서의 위축(constriction)이라고 말한 바 있다.
위축된 상태에서는 '완전한 해결이 아니면 죽음'으로 개인의 의식이

양극화된다고 한다. 인지적·정서적으로 위축된 상태는 Baumeister의 견해에 따르면 정신 기능의 협소화, 즉 인지적 몰락으로 설명될 수 있을 것이다.

또한 인지적 몰락의 핵심적 특징인 '의미의 거부'는 우리의 삶을 유지시키는 데 중요한 것이 '의미'임을 암시하는바, Baumeister의 이론은 심리학의 체계 내에서 인본주의적－실존주의적 접근과 맥을 같이 하는 것으로 이해될 수 있다. Camus(1955)는 소위 '살아야 하는 이유'가 가장 중요한 죽는 이유가 될 수 있다고 역설적으로 표현한 바 있으며, 죽음과 관련된 주제에서 삶의 의미가 가장 절박한 문제라고 결론지었다. Frankl(1959)은 '의미에 대한 추구'를 인간의 가장 주된 동기로 보았고, 인간은 자기 자신에 의해서만 성취될 수 있는 고유한 의미를 가져야 한다고 주장하였다. 인본주의적－실존주의적 이론에서는 인간만이 자기 자각 능력이 있는 존재로 보고 있고, 개인이 자신의 사고, 감정, 욕구, 동기 등에 대해 더 많은 자각을 할수록 더 많은 선택의 자유가 주어진다고 생각하는바, 자기 자각 능력을 긍정적인 입장에서 보고 있다. 반면에 Baumeister(1991)는 개인의 기대가 너무 높거나 현실적인 상태가 너무 낮아서 기대와 현실 간의 괴리가 존재하는 상황에서는 오히려 자기 자각이 심리적 고통을 초래하여 그로부터 도피하고자 하는 충동을 유발시킬 수도 있다고 이론화하고 있다. Baumeister의 이론은 앞서 개괄한 자살에 관한 많은 연구결과들을 포괄할 수 있고, Beck의 이론보다 더 일반적인 이론적 모델로 보인다. Baumeister의 이론에 따르면 절망 요인, 우울감과 같은 정서적 요인, 그 외 여러 가지 단기적 위험 요인과 자살 간의 관계에 대한 비일관적인 연구 결과들이 설명될 수 있을뿐더러 우울증 환자 집단뿐만 아니라 다양한 연령 및 다양한 임상집단에서 보이는 자살의 공통적인 기제를 이해하는 데 도움을 받을 수 있으리라 생각된다. 특히 우울 증상으로서 절망보다는 행동 문제가 두드러지는 청소년 집단에서 보이는 자살 생각이나 자살 시도를 예측하는 데 Baumeister의 이론이 더 타당할 가능성이 있다(신민섭, 1992).

Part 03

청소년 자살의 특성

치명적인 자살률은 성인기로 갈수록 증가하지만 자살 시도율이 가장 높은 시기는 청소년기이다(Fremouw et al., 1990).

    Sheidman(1987)은 청소년들의 자살 행위는 정신 질환의 표현으로 볼 수 없다고 주장하였고, Glaser(1981)의 조사에 따르면 청소년 자살자에게 임상적으로 진단될 수 있는 우울증이 관여된 경우는 10% 미만이며, 충동성, 남을 조종하려는 의도, 자신에게 부당하게 대했다고 지각하는 가족이나 친구들에 대한 보복 등이 자살의 중요한 결정 요인으로 나타났다. 이러한 결과는 청소년들이 보이는 자살 행위는 우울증과 같은 정신 질환에 의해서라기보다는 가족이나 친구 관계에서 느끼는 분노, 좌절, 충동성 등 심리적 갈등이나 정서적 요인에 의해 유발될 수 있음을 시사한다.

    질풍노도의 시기로 비유되는 청소년기는 인지적으로 미성숙할 뿐만 아니라 인생의 어느 시기에서보다도 정서적 충동성이 심화되는 시기이므로 청년들 가운데는 우울하거나 절망적이 아니어도 충동적으로 자살 시도를 보일 위험이 많다고 생각된다.

청소년들이 보인 자살 시도가 대다수가 사전에 계획된 것이 아니었다는 연구결과(Brent, 1987; Hawton et al., 1982)와 폭발적이고 공격적인 행위를 보이는 경향이 많은 청소년들이 자살 행위를 보일 위험이 크다는 Williams 등(1977)의 연구들은 이런 추론을 뒷받침해 주고 있다. 이러한 결과는 청소년들이 보이는 자살 시도는 현실 도피적인 충동적인 문제 해결 방식을 반영할 수 있음을 시사한다.

청소년기는 자기 자각이 급증하는 시기인 데 비해(Baumeister, 1991) 청소년들은 성인들보다 좌절 경험이나 감정, 자존심을 위협하는 생각과 같은 고통스런 자기 자각을 견디는 자아 강도가 약해서, 이러한 부정적인 심리 상태에서 즉각적으로 벗어나고자 하는 욕구가 강렬해질 것으로 추측된다.

신민섭 등(1990)이 718명의 고등학생을 대상으로 실시한 연구결과는 청소년 집단에서는 절망보다는 우울 요인이 자살 생각과 강하게 연관되어 있다는 결과를 보였다. 이런 결과에 따르면, 청소년들에게 있어서는 그들의 정서적·심리적 특성으로 인하여 그들이 보이는 자살 행위에서 미래에 대한 비관적 인지보다는 우울한 기분이나 충동성 등 정서적인 요인이 더 중요한 역할을 하는 것으로 보인다. 또한 고등학교 저학년에서는 그들이 경험하는 스트레스가 인지적 이해 과정을 거치지 않고 자살 생각에 직접 영향을 주는 반면, 고학년에서는 스트레스에 대한 인지적 정보 처리 과정을 거치고 그에 따라 자살 생각을 한다는 박광배와 신민섭의 연구(1990)도 역시 인지적 요인이 자살 생각에 영향을 주는 데 있어서 발달적 차이가 있음을 지지해 주는 결과이다.

Part 04

청소년 자살 행동 연구방법

1. 연구대상

1) 온양 시내에 거주하고 있는 남녀 중·고등학생 289명을 대상으로 설문을 실시하였다.

2) 각 학년별로 남녀 한 반씩, 담임선생님과의 사전 협조를 구하여 선정하였고 인문계 고등학교 내에 직업반이 있는 경우 2개 반을 표집·설문하였다(단, 선정된 반에 속한 학생은 모두 조사에 참여하는 것을 원칙으로 하였다).

2. 측정도구

가. 이상-현실 괴리 척도

이상-현실의 괴리 측정은 이은영(1990)이 대학생들을 대상으로 한 이상적 자기와 실제적 자기에 대한 연구에서 사용된 것을 중·고등학생들에게 적합하도록 수정하여 사용하였으며, 0~4점까지 응답하도록 하는 자기 보고식의 척도이다. 총 문항 수는 27개로 되어 있다. 각 문항당 스스로가 생각하는 자신의 정도에 대하여 현재 상태에 대하여 먼저 평점하고, 바라는 상태를 다시 평점하여 둘 간의 차이를 괴리 점수로 삼았다.

나. 인지적 몰락 – 자기 도피 척도

인지적 몰락을 측정하는 도구는 신민섭(1992)이 제작한 자기 보고형 척도로 자기 도피 이론(Scale for Escape from Self: SES)을 사용하였다. 이 척도는 인지적 몰락 상태의 특성을 나타내는 71문항으로 구성되어 있으며, 각 문항에 대해 '예–아니오'로 응답하도록 되어 있다. '예'라고 대답하는 경우는 2점으로, '아니오'라고 대답하는 경우에 1점으로 채점되므로 총점의 범위는 71점에서 142점까지이다(반대 방향으로 채점되는 문항 번호는 15, 18, 42, 44, 58, 62). 내적 일관성의 지표인 Kuder–Richardson 20 신뢰도 계수는 .93이었다.

다. 자살 생각 척도

자살 생각을 측정하는 도구로는 Beck의 자살 생각 척도(1979, SSI)를 배경으로 '청소년 대화의 광장'에서 설문지화한 청소년의 자살 행동 실태 조사(1993) 문항을 사용하였다. 자살 생각을 측정하는 것만이 필요하므로 1번, 5번, 7번, 9번 문항을 채택하였으며, 각 문항

1, 2번에 답하는 경우는 1점으로, 3~5번에 답하는 경우는 2점으로 채점하였다.

3. 절차 및 방법

가. 절차

본 연구에 앞서 먼저, 위에서 언급한 세 종류의 측정도구들을 소책자로 질문지화하여, 본 연구에 앞서서 남녀 중·고등학생 50여 명을 대상으로 응답에 소요되는 시간과 설문지에 사용된 단어나 문장 등의 뜻이나 기타 여러 가지 설문조사 시 나타나는 어려움이나 문제가 있을지에 대한 예비 조사를 하였다. 예비 조사 결과, 설문지 응답하는데 걸린 평균 소요시간은 25~30분 정도이었으며, 특별한 문제나 어려움은 없었다.

나. 방법

설문지는 각 담임선생님이 배포하고, 대상자들은 익명으로 설문지를 작성하였으며, 작성된 자료는 성별, 학교별, 인문-직업별, 학년별로 구분 코딩하여 판별 분석과 요인 분석, 그리고 중다 회귀 분석을 실시하였다.

4. 자료 분석 방법

가. 판별 분석(discriminant analysis)

이상-현실 자아 괴리로 인한 인지적 몰락이 자살 생각을 어느 정도 판별해 주는지를 알아보기 위해 이상-현실 자아 괴리 점수를 독립 변인으로 하고 자살 생각 척도 점수를 종속 변인으로 하여 판별 분석을 실시하였다.

나. 요인 분석

이상-현실 괴리와 인지적 몰락이 상관관계를 가지지 않는 이유를 좀 더 자세히 파악하기 위하여 이상-현실 괴리를 측정한 27개의 형용사에 대한 현실적인 자기 판단 자료를 요인 분석하였다.

다. 중다 회귀 분석(multiple regression analysis)

인지적 몰락과 이상-현실 괴리가 자살 생각에 대하여 어느 정도 상관관계를 나타내는지 알아보기 위하여 자기 도피 점수와 이상-현실 자아 괴리 점수를 독립 변인으로 하고 자살 생각을 종속 변인으로 하여 중다 회귀 분석을 실시하였다.

Part 05

청소년 자살 행동 실태 분석

1. 연구결과의 요약

Baumeister(1991)는 자살 시도를 했던 경험이 인지적 몰락의 결과라고 언급한 바 있으므로, 본 연구에서는 대안적인 방법으로 인지적 몰락의 선행 조건인 이상－현실 괴리가 자살 생각 하위집단과 자살 생각 상위집단을 얼마나 잘 변별할 수 있는지를 판별 분석을 통해 알아보았다. 또한 이상－현실 괴리 항목을 요인 분석한 결과 6개의 요인이 산출되었다. 그중 '정직성' 요인만 약한 상관관계($r = -0.23$, $P < .05$)가 산출되었다. 그 결과는 '부록 4'에 제시되어 있다.

이상－현실 괴리 척도에서 결측치를 보이지 않은 피험자 289명을 대상으로 판별 분석을 실시한 결과는 <표 1>에 제시되어 있으며, 이상－현실 괴리 척도 문항 점수들에 의한 판별 함수 점수의 집단 중앙치는 <표 2>와 같다.

▶표 1. 이상-현실 괴리 척도에 의한 판별 함수의 유의도 검증

함수	고유치	정준상관관계	Wilks'L	X^2	자유도	유의도
1	.01580	.1247	.9844	4.49181	1	.0341*

* P(.05

▶표 2. 이상-현실 괴리 척도 점수에 의한 판별함수 집단 중앙치

집단	판별함수점수
자살 생각 하위집단	−.1776
자살 생각 상위집단	.0883

　판별결과, 이상-현실 괴리 척도가 자살 생각 하위집단과 자살 생각 상위집단을 변별하는 변별력이 미비하지만 약간의 통계적 의미가 있다고 볼 수 있다. 각 집단 간 이상-현실 괴리 척도에 의한 정확 분류 비율 결과는 <표 3>과 같다. 이 결과에서 각 집단 간 정확 분류 비율은 중등반 55.88%, 인문반 51.39%, 직업반이 61.11%이다. 이 결과, 상대적으로 직업반이 중등반과 인문반보다 높게 나타났으나, 전체적으로 볼 때 청소년의 이상-현실 괴리가 자살 생각 상·하위 집단을 분류할 수 있는 변별력이 있음이 나타나지 않음을 알 수 있다. 그러나 선행연구(Murphy, 1985)에 따르면 자살 시도율이 가장 높은 시기가 청소년시기이고(Fremouw et al, 1990) 경미한 수준의 자살에 대한 생각이라도 후에 더 심각한 자살에 대한 생각으로 발전되거나, 바로 자살 시도로 연결될 수 있다는 결과와 대부분의 청소년들이 보인 자살 시도가 사전에 계획된 것이 아니었다는 연구결과(Brent, 1987)가 있는바, 본 연구에서 비록 예측률이 낮다 할지라도 청소년에 대한 지속적인 관심과 적극적인 예방책 강구가 필요하리라 사료된다.

실 제 분 포	예측분포					
	중 등 반		인 문 반		직 업 반	
	하위	상위	하위	상위	하위	상위
자살 생각	26	17	17	15	13	8
하위집단	(60.5%)	(39.5%)	(53.1%)	(46.9%)	(61.9%)	(38.1%)
자살 생각	13	12	20	20	13	20
상위집단	(52.0%)	(48.0%)	(50.0%)	(50.0%)	(39.4%)	(60.6%)
정확분류비율	55.88%		51.39%		61.11%	

2. 중다 회귀 분석

중다 회귀 분석 결과, 자살 생각에 대한 두 독립 변인의 몰락 효과
는 <표 4>와 같다. <표 4>에서 보는 바와 같이 자살에 대한 인지적
몰락의 주 효과가 유의미하였다(P<.001) 그러나 그 절대적 수치가 그
다지 큰 것은 아니었다.

t검증 결과, 두 독립 변인 각각이 자살 생각을 설명해 주고 있는데,
상대적으로 인지적 몰락 요인이 이상 - 현실 괴리 요인보다 더 크게
나타났다. 이러한 결과는 두 독립 변인인 인지적 몰락과 이상 - 현실
괴리 중, 한 변인인 이상 - 현실 괴리를 통제한 후에도 인지적 몰락과
자살 생각 간에는 연관(association)이 있음을 시사한다.

또한, t검증 결과 자살 생각에 대한 인지적 몰락과 이상 - 현실 괴
리 효과가 집단에 따라 다르게 분석되었다. 분석결과, 세 집단 중 중
등반에서만 인지적 몰락 효과가 있었고, 그 나머지 집단에서는 효과
가 없는 것으로 나타났다.

집단과 인지적 몰락의 상호 작용 효과를 보다 체계적으로 알아보
고자 중등반, 인문반, 직업반에 대해 각각 개별적으로 중다 회귀 분석
을 수행하였다. 세 집단 각각에 대해서 인지적 몰락, 이상−현실 괴리
를 독립 변인으로, 자살 생각을 종속 변인으로 하여 분석한 결과가
<표 5>에 제시되고 있고, 동일한 방법으로 분석한 자살 생각에 대한
인지적 몰락과 이상−현실 괴리의 부분 효과는 <표 6>과 같다. 그리
고 자살 생각과 관련된 요인들에서 세 집단 간 어떤 차이가 있는지를
알아보기 위해 중다 상관자승의 증가분을 대해 도표로 나타낸 것이
[그림 1]에 제시되었다.

▶ 표 4. 자살 생각에 대한 인지적 몰락과 이상−현실 괴리의 효과

독립 변인	R^2	B	Beta	t
인지적 몰락	.0524	.8747	.2251	3.917***
중등반	.0822	1.0794	.2807	3.014**
인문반	.0464	.8737	.2158	2.187
직업반	.0268	.6044	.1617	1.435
이상−현실 괴리	.0072	.0735	.0732	1.273
중등반	.0080	.0647	.0556	.597
인문반	.0001	.0099	.0096	.098
직업반	.0223	.1211	.1452	1.289

** $P<.01$, *** $P<.001$
종속 변인: 자살 생각

▶ 표 5. 집단별 자살 생각에 대한 인지적 몰락과 이상−현실 괴리의 부분 효과 ㅣ

독 립 변 인	R^2		
	중 등 반	인 문 반	직 업 반
(1) 인지적 몰락/ 이상−현실 괴리	.0857	.0467	.0485
(2) 인지적 몰락	.0827	.0466	.0274
(3) 이상−현실 괴리	.0081	.0001	.0224

▶표 6. 집단별 자살 생각에 대한 인지적 몰락과 이상-현실 괴리의 부분 효과 II

	R² 차이(semi - partial R²)		
	중 등 반	인 문 반	직 업 반
인지적 몰락의 효과	.0776	.0466	.0261
이상-현실 괴리 효과	.0031	.0000	.0211

종속 변인: 자살 생각
인지적 몰락의 효과(전체-이상과 현실 괴리)
이상-현실 괴리 효과(전체-인지적 몰락)

<표 6>의 결과, 자살 생각에 대한 인지적 몰락과 이상-현실 괴리의 부분 효과는 인지적 몰락에서 중등반과 인문반이 상대적으로 이상-현실 괴리보다 크게 나타났다. 반면에, 직업반에서는 인지적 몰락과 이상-현실 괴리의 부분 효과는 별 차이가 없이 비슷하게 나타났다. [그림 1]을 보면, 인지적 몰락의 효과는 세 집단 모두 유의미하였는데, 상대적으로 중등반이 높고, 직업반이 낮게 나타났다. 이 결과는 직업반의 청소년들이 상대적으로 입시에 대한 스트레스노 적게 받을 뿐 아니라, 세상에 대한 폭넓은 경험으로 인해 인지적 몰락이 와도 그것을 잘 견디는 힘이 강하여 자살 생각을 잘 하지 않는 것으로 나타난 결과라고 사료된다. 반면, 이상-현실 괴리 효과는 상대적으로 직업반에서 인지적 몰락과 함께 약한 상관관계를 갖는 것으로 나타났다.

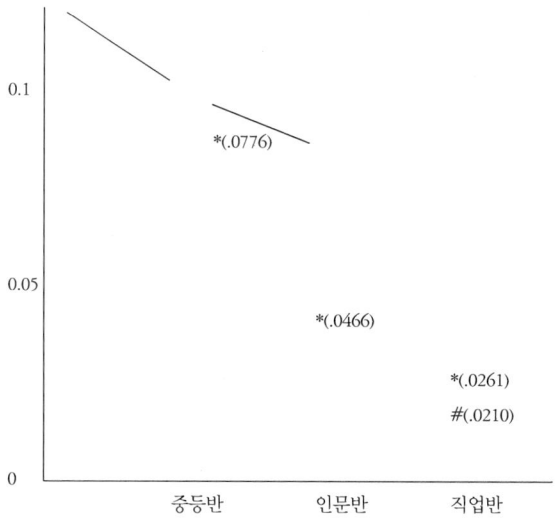

0.1

*(.0776)

0.05

*(.0466)

*(.0261)

#(.0210)

0

중등반   인문반   직업반

* 인지적 몰락의 효과
\# 이상 – 현실 괴리 절망 효과

▶**그림 1.** 각 집단의 자살 생각에 대한 인지적 몰락과
    이상 – 현실 괴리 절망의 효과

3. 논의

본 연구에서는 우선, Baumeister(1991)의 자살 이론에 입각하여 청소년 집단을 대상으로 이상 – 현실의 괴리가 자살 생각을 어느 정도 변별할 수 있는지에 대하여 알아보았다. 그리고 두 번째로, 인지적 몰락의 효과에 이상 – 현실 절망 효과가 자살 생각을 얼마나 잘 설명해 주는지에 대하여 알아보았다.

Baumeister의 자살 이론 중 기존 선행연구(신민섭, 1992)는 자살 이론의 후반부인 인지적 몰락에 초점을 두고 연구되었다. 그러므로 인지적 몰락에 영향을 주는 선행 조건으로서 이상-현실 괴리를 연구한다는 것이 매우 의미가 크다고 할 수 있다.

먼저, 본 연구에서는 중학생 그리고 고등학생의 인문반, 직업반 청소년 289명을 대상으로 이상-현실의 괴리와 자살 생각의 관계에 관하여 알아보았다. 그 결과 이상-현실 괴리와 자살 생각이 Baumeister의 이론대로 유의미한 상관관계를 가지는 것으로 밝혀졌다. 그러나 그 절대적 수치가 그다지 큰 것은 아니었다. 이 결과 청소년 집단에서 이상-현실의 괴리와 자살 생각이 상관관계를 크게 갖지 않는 이유를 좀 더 자세히 파악하기 위하여 이상-현실의 괴리를 측정한 27개의 형용사에 대한 현실적인 자기 판단 자료를 요인 분석하였다. 요인 분석 결과는 '부록 4'에 제시되어 있다.

Kaiser 기준(1보다 큰 eigenvalue)에 의하여 요인이 6개 산출되었다. 첫 번째 요인은 '자기 통제', 두 번째는 '자신감', 세 번째는 '대인관계', 네 번째는 '정직성', 다섯 번째는 '현실성', 여섯 번째는 '인내심'으로 명명할 수 있는 요인이었다. 이 요인들에서의 이상-현실의 괴리와 자살 생각에서 '정직성' 요인만이 유의미한, 그러나 약한 상관관계($r = -0.23$, $p < .05$)를 산출하였고, 나머지 요인들은 유의미한 상관관계를 가지지 않았다. 그런데 자살 생각의 부적 상관관계는 자살 생각이 강하면 강할수록 정직성에서의 이상-현실의 괴리가 작다는 것을 의미한다. 이것은 자살 생각이 심한 청소년일수록 이상적으로 여기는 정직성의 정도가 낮기 때문이다. 그러므로 청소년들의 상담이나 교육의 장면에서는 그들이 가지고 있는 이상적인 모습과 현실적인 모습의 차이에 대한 세심한 배려가 있어야 할 것으로 사료된다. 이와 같이 전체적으로는 청소년 집단에서 자살 생각이 이상-현실 괴리의

총점뿐만 아니라 세부적인 내적 요인들과도 별 관계가 없다고 결론 지을 수밖에 없다.

청소년 집단에서 다소 미약한 상관관계가 도출되었던 이유로는 Baumeister 이론이 상정하듯이 인지적 몰락에 영향을 주는 요인들은 여러 가지가 있는데, 이상−현실의 괴리는 단지 그중의 하나에 불과하기 때문에 아닌가 사료된다.

예를 들면, Baumeister은 인지적 몰락에 영향을 주는 요인들로서 이상−현실의 괴리 이외에도 부정적 자기 평가, 부정적인 정서 상태의 역할을 강조하고 있다. 말하자면, 이상−현실의 괴리는 인지적 몰락에 대한 원거리 요인이고 근접 요인이 아닐 가능성이 높다.

박광배와 신민섭(1990)은 한국고등학생들에서 Baumeister 이론의 전반부, 특히 이상−현실의 괴리가 우울증에 매개되어 자살 생각에 영향을 주는지를 검증하였는데 우울증의 매개 효과보다는 괴리에 대한 지각된 통제 가능성과의 상호 작용 효과가 더 크게 나타났다.

이러한 선행 연구와 본 연구의 결과, Baumeister 이론의 전반부가 좀 더 연구되고 정교화될 필요가 있을 것으로 사료된다.

두 번째로, 인지적 몰락과 자살 생각의 연구에서는 청소년의 인지적 몰락이 자살 생각과 밀접한 유의미한 관계를 갖는 것으로 밝혀졌다. 그러나 절대적 수치가 그다지 큰 것은 아니었다. 특별히 자살에 대한 인지적 몰락의 효과와 이상−현실 괴리 절망의 효과에서 전체적으로 인지적 몰락에, 집단에 있어서는 상대적으로 중등반에서만 인지적 몰락 효과가 있었다. 이러한 결과는 인지적 몰락이 여러 가지 근접 요인들에 의해서 많은 영향을 받기 때문에 큰 폭의 효과가 나타나지 않을 가능성이 있음을 시사해 준다.

자살에 대한 인지적 몰락의 효과와 이상-현실 괴리 절망의 효과에서 중등반(P<.01), 고등부 인문반(P<.001), 고등부 직업반(P<.05)에서 인지적 몰락의 효과가 통계적으로 유의미하였는데, 이러한 결과는 인지적 몰락과 이상-현실 괴리 요인이 자살 생각과 밀접하게 관련되어 있다는 것을 알 수 있다. 또한 청소년 집단을 중등부와 고등부로 나누어 보았을 때, 상대적으로 고등부보다 중등부가 자살 생각에서 이상-현실 괴리로 인한 인지적 몰락 효과가 더 큰 것은 저학년에게 있어서 그들이 경험하는 스트레스가 인지적 이해 과정을 거치지 않고 자살 생각에 직접 영향을 주는 반면, 고학년에서는 스트레스에 대한 인지적 정보 처리 과정을 거치고 그에 따라 자살 생각을 한다는 박광배와 신민섭의 연구(1990)에서 발표되었는데, 본 연구의 결과는 인지적 요인이 자살 생각에 영향을 주는 데 있어서 발달적 차이가 있음을 지지해 주는 결과이다. 반면에, 상대적으로 직업반에서는 인지적 몰락 효과가 나타났어도 자살 생각을 잘 하지 않는 것으로 나타났는데, 이 결과는 직업반 청소년들이 인지적 이해 과정이 없는 중등반이나, 스트레스를 많이 받는 인문반보다 상대적으로 스트레스가 적고, 세상의 경험으로 자기 자신을 잘 통제할 수 있는 힘이 강하기 때문이 아닌가 사료된다.

청소년 집단에서 자기 인지적 몰락이 자살 생각에 민감한 이유는 청소년기의 발달적 특성으로 설명이 가능하리라고 본다. 청소년 자살에 대한 선행 연구들의 개관에서 청소년들은 미래에 대한 희망의 상실과 뿌리 깊은 비관적 생각에 의해 자살 생각을 하기보다는 일시적인 스트레스나 좌절 경험에 따른 고통스런 심리 상태에서 즉각적으로 벗어나고자 하는 강렬한 욕구로 인하여 인지적 몰락이 초래될 위험이 크며, 그 결과 충동적으로 자살과 같은 극단적인 문제 해결 방식을 추구할 가능성이 시사되었다(Glaser, 1981; Brent, 1987). 따라서 본 연구에서 청소년 집단의 인지적 몰락과 자살 생각 간의 관계에서 발달적 변화가 있을 것으로 추측되는바, 자살의 예측과 예방이 충분히 가능하리라고 사료된다.

그러므로 본 연구의 중·고 청소년 집단에서 자살 생각에 대한 인지적 몰락의 효과가 유의미하게 작용한 결과는 바로 자살 생각에 대한 인지적 잠재 요인의 강한 효과 때문인 것으로 해석해 볼 수 있는바, 청소년 자살 문제에 대한 적극적인 예방대책을 강구할 수 있는 계기가 될 수 있을 것이다.

마지막으로, 본 연구의 제한점 및 후속 연구를 위한 제언 몇 가지를 기술하기로 한다.

Baumeister의 이론은 자살에만 국한된 것이 아니며, 그는 자살뿐만 아니라 알코올 및 약물 남용, 성적 방종, 충동적 과식, 반사회적인 행위들이 모두 자기 파괴적 행위에 포함되므로, 그러한 행위들도 인지적 몰락 요인으로 설명될 수 있다고 주장하고 있다.

본 연구에서는 이상-현실 괴리와 자살 생각, 그리고 인지적 몰락 간의 관계만 살펴보았으므로, 자살 이외의 자기 파괴적 행위와 인지적 몰락 간의 관계가 앞으로 더 규명되어야 할 연구문제라 할 수 있다. 그리고 본 연구결과에서는 청소년들의 자살 생각과 이상-현실의 괴리는 유의미한 상관관계가 극히 적게 나타났는데, 특별히 청소년기는 자기 자각이 급증하는 시기이므로 자기 도피적 욕구도 강하게 표현된다. 이때 자신의 기대와 현실 간의 괴리가 커질 위험이 많다고 생각된다. 그러므로 다른 접근 방법을 통해 이상-현실 괴리를 측정하여 인지적 몰락 간의 상관관계 여부를 세밀히 연구할 필요가 있다고 하겠다.

4. 결론

현대 경쟁 사회의 경제적·문화적 특성과 더군다나 입시 지옥이라고 불리는 현행 입시 제도하에서는 과거보다 청소년들에게 더 많은 것이 요구되고, 자유로운 활동이 제한되며, 스트레스를 가중시킬 요소들이 많다. 인지적으로 미성숙하고 정서적으로 취약성이 높은 시기에 놓여 있는 청소년들이 이러한 심리적 고통으로부터 즉각적으로 벗어나기 위한 수단으로 충동적 자살 시도를 할 위험성이 많다고 생각되고, 실제적으로 현 사회에 문제점으로 대두되고 있다.

그들은 일시적으로 주어지는 스트레스를 견디지 못하고 돌이킬 수 없는 영원한 해결책을 취할 가능성이 있으므로, 만일 관심을 얻기 위해 혹은 심리적 고통에 대한 도움을 청하는 수단(cry for help)으로 자살 시도를 보이는 경우에라도 이를 간과하지 말고 따뜻한 관심과 정서적 지지를 제공한 후, 점차 자신의 감정과 행동에 대한 충동 조절 능력과 대처 능력을 습득하도록 지도해 주어야 할 것이다.

본 연구에는 Baumeister의 자살 이론을 배경으로 청소년 집단의 이상—현실의 괴리가 인지적 몰락으로 인한 자살 생각을 얼마나 잘 변별할 수 있는지를 알아보았다. 그리고 인지적 몰락이 청소년의 자살 생각과 자살 시도를 얼마나 잘 설명해 주는지에 대해 실증적으로 연구 검증하였다. 즉 Baumeister의 이론과 선행 연구들에 의해 다음과 같이 두 가지 가설을 설정하였다. 첫째, 주된 가설은 인지적 몰락이 청소년의 자살 생각과 같은 극단적인 자기 파괴적인 선택을 초래할 가능성이 높다는 것이다.

둘째, 부차적인 가설은 Baumeister(1992)의 이론 '자기로부터의 도피' 과정의 첫 출발점이 되는 이상-현실의 괴리가 인지적 몰락과 인지적 몰락으로 인한 자살 생각에 매우 큰 영향을 끼칠 것이라는 것이다.

본 연구 결과 이러한 가설의 일부는 명확히 지지되었으나, 일부는 명확하게 지지되지 않았다. 첫 번째 가설인 인지적 몰락과 자살 생각의 상관관계는 매우 밀접하게 유의미하였다. 그러나 부차적인 가설 Baumeister 이론의 전반부인 이상-현실의 괴리가 인지적 몰락에 매우 큰 영향을 끼칠 것이라는 가설 결과가 매우 작은 유의미한 상관관계를 보임으로 명확하게 지지되지 않았다. 즉 청소년들에게 인지적 몰락과 자살 생각에 영향을 주는 것은 어떤 특정한 한 가지가 아니라 여러 가지 요인들로 인해 복합적으로 영향을 끼친다는 것이다. 따라서 지금까지는 어떤 특정한 이유를 가지고 청소년의 자살을 판단하고 결론지으려 했으나, 본 연구결과 여러 가지 요인에 의해서 매개될 수 있다는 것을 발견함으로, 앞으로 청소년 문제에 대한 상담이나 교육 등의 장면에서 새로운 방법이나 대책을 모색할 수 있는 계기가 될 수 있을 것이다.

참고문헌

박광배 외(1990). 고등학생의 대학입시 목표와 자살 생각. 한국심리학회지: 임상, 9(1), 20 – 32.

박광배 외(1991). 고등학생의 지각된 스트레스와 자살 생각. 한국심리학회지: 임상, 10(1), 298 – 314.

신민섭(1992). 자살 기제에 대한 실증적 연구: 자기도피 척도의 타당화. 연세대학교 심리학과 박사학위 청구논문.

신민섭 외(1990). 고등학생의 자살성향에 관한 연구: 우울 – 절망 – 자살간의 구조적 분석. 한국심리학회지: 임상, 9(1), 1 – 19.

신민섭 외(1991). 우울증과 충동성이 청소년들의 자살 행위에 미치는 영향. 한국심리학회지: 임상, 10(1), 286 – 297.

심영희(1986). 한국 사회의 자살: 사회학적 관점에서 본 이론과 실태. 신경정신의학, 24, 49 – 71.

유순향 외(1981). 한국 노서 시방(강화군)의 자실에 대한 역학 및 정신 의학적 연구. 신경정신의학, 0, 266 – 273.

체육청소년부(1992). 청소년 백서.

최진숙(1991). 소아 – 청소년 자살의 역학. 대한 청소년 정신의학회추계학술 대회 발표논문.

Adam, K. S.(1990). Environmental, and Psychoanalytic Aspects of Suicidal Behavior. In S. J. Brumenthal, & D. J. Kupfer(Eds.). suicide over the Life Cycle. Washington, DC: American Psychiatric Press, Inc.

Baumeister, R. F.(1990). Suicide as escape from self. Psychological Review, 97, 90 – 113.

Baumeister, R. F.(1991). Escaping The Self. Basic Books.

Beck, A. T.(1967). Depression: Clinical, Experimental, and Theoretical Aspects. New York: Harper & Row.

Bhagat, M.(1976). The Spouse of Attempted Suicide: A Personality Study British Journal of Psychiatry, 128, 44 – 46.

Brent, D. A.(1987). Collelates of Medical Lethality of Suicide Attempts in Children and Adolescents. Journal of American Academy of Child Psychiattry, 26, 87 – 89.

Camus, A.(1995). The Myth of Sisyphus and Other Essays. New York: Alfred A. Knopf.

Cantor, P. C.(1976). Personality Characteristics Found Among Youthful Female Suicide Attempters. Journal of Abnormal Psychology, 85, 324 – 329.

Douglas, J. D.(1967). The Social Meaning of Suicide. Princeton, NJ: Princeton University Press.

Durkeim, E.(1897). Suicide: A Study in Sociology. Translated by Spaulding, J. A. and Simpson, G. Londom, Routledge & Kegan Paul. 1952.

Ellis, T. E. & Ratliff, K. G.(1986). Cognitive Characteristics of Suicidal and Nonsuicidal Psychiatric Inpatients. Cognitive Therapy and Research. 10, 625 – 634.

Frankl, V.(1959). Man's Search for Meaning. New York: Washington Square Press.

Freud, S.(1917). Mourning and Melancholia. In J. C. Coyne(Ed), Essential Paprs on Depression, New York: New York University Press, 1985.

Glaser, K.(1981). Psychopathologic Patternsin Depressed Adolescenes. American Journal of Psychotherapy. 35, 368 – 382.

Hendin, H.(1982). Suicide in America. New York: Norton.

Hendrick, I.(1940). Suicide as Wish – Fulfillment. Psychiatry Quarter. 14, 30 – 42.

Henken, V. J.(1976). Banality Reinvestigated: A Computer – Based Content Analysis of Suicidal and Forced Death Documents. Suicide and Life Threatening Behavior. 6, 36 – 43.

Iga, M.(1971). A Concept of Anomie and Suicide of Japanese College Students. Suicide and Life Threatening Behavior. 1, 232 – 244.

Jacobs, J.(1971). Adolescent Suicide. New York: Wiley.

Klerman, G.(1987). Clinical Epidemiology of Suicide. Journal of Clinical Psychiatry. 48, 33 – 38.

Sarason, I. G. & Sarason, B. G.(1984). Abnormal Psychology, the Problem of Maladaptive Behavior(4th ed.). Englewood Cliffs, NJ: Prentice – Hall.

Shneidman, E. S.(1987). At the Point of No Return. Psychology Today. 3, 55 – 58.

Simons, A. D. & Murphy, G. E., Levine, J. L. & Wetzel, R. D.(1986). Cognitive Therapy and Pharmacotherapy for Depression: Sustained Improvement after One Year. Archives of General Psychiatry. 43, 43 – 48.

William, J. M. & Broadbent, K.(1986). Autobiographical Memory in Suicide Attempters. Journal of Abnormal Psychology. 95, 144 – 149.

Williams, C. L., Sale, I. M. & Wignall, A. L.(1977). Correlate of Impulsive Suicidal Behavior. Aust, N. Z. Journal of Psychiatry. 85, 323 – 325.

부 록

부록 #1. 이상 – 현실 괴리 척도

아래에는 여러분 자신이 자기 자신에 대하여 어떻게 느끼거나 생각하고 있는지를 나타내는 단어들이 있습니다. 이 단어들을 처음에는 "나는 _____ 사람이 다"라는 문장 속에 넣어 "전혀(10% 이하) 그렇지 않다"에서 "전적(100%)으로 그렇다"까지 범위에서 현재 자기 자신의 모습(현재의 나)을 가장 잘 나타내 주고 있다고 생각하는 곳에 O표 해 주세요. 그 다음 똑같은 방법으로 같은 단어를 "나는 _____ 사람이 되고 싶다"라는 문장 속에 넣어서 당신이 바라는(되고 싶은) 가장 최고의 자신의 모습(되고 싶은 나)을 "전혀(10% 이하) 그렇지 않다"에서 "전적(100%)으로 그렇다"까지 해당되는 곳에 O표 해 주십시오.

			전혀 그렇지 않다	약간 그렇다	꽤 그렇다	상당히 그렇다	전적으로 그렇다
1	건강한	현재의 나	0	1	2	3	4
		되고 싶은 나	0	1	2	3	4
2	성실한	현재의 나	0	1	2	3	4
		되고 싶은 나	0	1	2	3	4
3	솔직한	현재의 나	0	1	2	3	4
		되고 싶은 나	0	1	2	3	4
4	진실한	현재의 나	0	1	2	3	4
		되고 싶은 나	0	1	2	3	4
5	적극적인	현재의 나	0	1	2	3	4
		되고 싶은 나	0	1	2	3	4
6	재치 있는	현재의 나	0	1	2	3	4
		되고 싶은 나	0	1	2	3	4
7	독립적인	현재의 나	0	1	2	3	4
		되고 싶은 나	0	1	2	3	4
8	끈기 있는	현재의 나	0	1	2	3	4
		되고 싶은 나	0	1	2	3	4

9	낙관적인	현재의 나	0	1	2	3	4
		되고 싶은 나	0	1	2	3	4
10	인정받는	현재의 나	0	1	2	3	4
		되고 싶은 나	0	1	2	3	4
11	현실적인	현재의 나	0	1	2	3	4
		되고 싶은 나	0	1	2	3	4
12	책임감 있는	현재의 나	0	1	2	3	4
		되고 싶은 나	0	1	2	3	4
13	결단력 있는	현재의 나	0	1	2	3	4
		되고 싶은 나	0	1	2	3	4
14	자신감 있는	현재의 나	0	1	2	3	4
		되고 싶은 나	0	1	2	3	4
15	이해심이 있는	현재의 나	0	1	2	3	4
		되고 싶은 나	0	1	2	3	4
16	참을성 있는	현재의 나	0	1	2	3	4
		되고 싶은 나	0	1	2	3	4
17	용기가 있는	현재의 나	0	1	2	3	4
		되고 싶은 나	0	1	2	3	4
18	호감이 가는	현재의 나	0	1	2	3	4
		되고 싶은 나	0	1	2	3	4
19	마음이 따뜻한	현재의 나	0	1	2	3	4
		되고 싶은 나	0	1	2	3	4
20	최선을 다하는	현재의 나	0	1	2	3	4
		되고 싶은 나	0	1	2	3	4
21	믿음직스러운	현재의 나	0	1	2	3	4
		되고 싶은 나	0	1	2	3	4
22	목표의식이 있는	현재의 나	0	1	2	3	4
		되고 싶은 나	0	1	2	3	4
23	열심히 공부 하는	현재의 나	0	1	2	3	4
		되고 싶은 나	0	1	2	3	4
24	대인관계가 원만한	현재의 나	0	1	2	3	4
		되고 싶은 나	0	1	2	3	4

			0	1	2	3	4
25	자기 조절을	현재의 나	0	1	2	3	4
	잘하는	되고 싶은 나	0	1	2	3	4
26	다른 사람을	현재의 나	0	1	2	3	4
	위하는	되고 싶은 나	0	1	2	3	4
27	부모를 잘	현재의 나	0	1	2	3	4
	공경하는	되고 싶은 나	0	1	2	3	4

부록 #2. 인지적 몰락-자기 도피 척도

다음의 문항들을 자세히 읽으신 후, 당신의 일상생활에서 느끼고 있는 바를 잘 나타내 주고 있거나 당신 생각과 같은 문항에는 "예", 그렇지 않은 문항에는 "아니오"에 V표 해 주십시오.

---

1 요즈음 생활이 한없이 권태롭다.   예( ) 아니오( )

2 가능하다면 빨리 죽는 것이 나을 것 같다.   예( ) 아니오( )

3 가까운 사람이 자기의 고민을 하소연하면 짜증이 난다.   예( ) 아니오( )

4 지금 이 시점(순간)에서 삶을 끝마치고 싶다.   예( ) 아니오( )

5 미래에 대해 생각하고 싶지 않다.   예( ) 아니오( )

6 아무도 나를 사랑하지 않아도 상관없다.   예( ) 아니오( )

7 행복해지기를 바라는 것은 어리석은 일이다.   예( ) 아니오( )

8 철학적인 사고는 무의미하다.   예( ) 아니오( )

9 한판 승부로 인생을 결정하고 싶다.   예( ) 아니오( )

10 과거에 대한 기억들은 대부분 좋지 않은 것들이다.   예( ) 아니오( )

11 외부 환경은 통제할 수 없으므로 수동적으로 대치한다.   예( ) 아니오( )

12 성행위는 남자와 여자가 서로 몸을 문지르고 비비는 행위에 예( ) 아니오( )
    불과하다.

13 나의 정신을 모두 빼앗길 만한 스릴(재미) 있는 일을 찾고 싶다. 예( ) 아니오( )

14 나는 모든 일에 대해서 냉소적(부정적)이다.   예( ) 아니오( )

15 미래에 대한 기대와 희망이 있다.   예( ) 아니오( )

16 다른 사람들이 중요하다고 여기는 것이 나에겐 별 의미가 없다. 예( ) 아니오( )

17 과거는 고통스런 생각을 떠오르게 하므로 오직 현재만 생각 예( ) 아니오( )
    하고 싶다.

18 나는 누구에겐가는 필요한 존재이다.   예( ) 아니오( )

19 어려운 일을 만나면 피하는 게 최선이다(골치 아픈 일은 피 예( ) 아니오( )
    하는 게 최선이다).

20 내가 사는 것은 단지 존재하기 때문이다(특별한 이유 없이 예( ) 아니오( )
    그냥 살아갈 뿐이다).

---

21 세상이 변하므로 애써 지킬 만한 가치란 없다.　예( ) 아니오( )

22 화가 날 때는 상대방의 기분을 고려할 필요가 없다.　예( ) 아니오( )

23 행복한 미래를 기대할 수 없으므로 미래에 대해 생각하기　예( ) 아니오( )
싫다.

24 돈을 많이 버는 직업이 최고의 직업이다.　예( ) 아니오( )

25 의미 없고 가벼운 말을 많이 한다.　예( ) 아니오( )

26 과거는 돌이켜 생각하지 않는다.　예( ) 아니오( )

27 사람보다는 자연과 대화하는 것이 더 좋다.　예( ) 아니오( )

28 당장 할 수 있는 일이 아니면 별로 관심이 없다.　예( ) 아니오( )

29 나의 인생에 있어서 중요한 일이란 없다.　예( ) 아니오( )

30 남들과 피상적으로(깊이가 없고, 진지하기 못한) 대화(이야　예( ) 아니오( )
기를 하는 것)한다.

31 슬프거나 심각한 영화를 봐도 마음에 감동이 느껴지지 않는다.　예( ) 아니오( )

32 정신적인(머리를 써서 하는) 일보다는 단순한 활동(일)에 몰　예( ) 아니오( )
두한다.

33 내가 자살을 시도해도 다른 사람은 별 영향을 받지 않을 것　예( ) 아니오( )
이다.

34 이미 지난 과거와 아직 오지 않은 미래는 둘 다 나에게 중요한　예( ) 아니오( )
의미가 없다.

35 직업은 단지 생계수단(먹고사는 방법)일 뿐이라고 생각된다.　예( ) 아니오( )

36 상대방이 나를 사랑하지 않는다면 내가 그 사람을 사랑해야　예( ) 아니오( )
할 이유와 가치가 없다.

37 나에 관한 좋은 점이라도 남이 이야기를 하는 것은 싫다.　예( ) 아니오( )

38 내 마음속에는 내가 말로 표현하는 것 이외에 아무것도 없다.　예( ) 아니오( )

39 나는 운명의 희생물이다.　예( ) 아니오( )

40 누군가를 영원히 사랑한다고 말하는 것은 거짓말이다.　예( ) 아니오( )

41 모든 일이 나에게는 의미가 없다.　예( ) 아니오( )

42 내가 하고 있는 학문(공부)이나 일이 누군가에게는 도움이　예( ) 아니오( )
될 것이다.

43 지난 시절에 알았던 사람들을 만나고 싶지 않다.　예( ) 아니오( )

44 남에게 마음을 주는 것이 의미 있고 중요한 일이다.　예( ) 아니오( )

45 내 인생은 어차피 모순투성이이므로 노력한다 해도 아무 소 예( ) 아니오( )
   용이 없다.

46 훌륭한 문학 작품이라 해도 줄거리나 요약만 보거나 들으면 예( ) 아니오( )
   충분하다.

47 예전과는 달리 모든 일을 극단적으로 생각한다. 　　　　예( ) 아니오( )

48 요즘은 모든 문제(일)들이 부정적으로만 생각된다. 　　　예( ) 아니오( )

49 전과 같이 좋거나 싫다는 감정(느낌)을 느끼지 못한다. 　　예( ) 아니오( )

50 이 세상 사람들은 모두 '승자'와 '패자'로 구분될 수 있다. 예( ) 아니오( )

51 나는 바쁘지만 깊이 생각할 필요가 없는 일들을 좋아한다. 예( ) 아니오( )

52 나는 모든 일에 있어서 피해자이므로 그것들에 대한 책임이 예( ) 아니오( )
   없다.

53 하루를 지냈다는 것은 또 하루가 의미 없이 그냥 지나가 버 예( ) 아니오( )
   렸다는 것 이외에는 아무런 의미가 없는 것이다.

54 매사에 의욕이 없고 무감동하다(모든 일이 귀찮고 짜증스럽 예( ) 아니오( )
   기만 하다).

55 내 존재는 내가 섭취한(먹은) 것으로 구성된(만들어진) 육체 예( ) 아니오( )
   일 뿐이다.

56 원하지 않는 생각이 떠오르는 것을 피하(막)기 위해 쓸데없 예( ) 아니오( )
   는 일을 많이 한다.

57 나는 즉각적인(금방 나타나는) 결과가 나타나지 않는 행동을 예( ) 아니오( )
   좋아한다.

58 삶에는 의미나 목적이 있다. 　　　　　　　　　　　예( ) 아니오( )

59 내게 일어나는 모든 일은 내가 통제할(내 힘으로는 어쩔) 수 예( ) 아니오( )
   없는 요인에 의해 결정된다.

60 똑같은 일을 반복적으로 정신없이 하는 것이 마음이 편해서 예( ) 아니오( )
   좋다.

61 주변 사람들과 감정이 얽힌(서로 생각이 달라 다툰) 일은 무시 예( ) 아니오( )
   해 버린다.

62 지나간 일들 중에 기억할 만한 가치가 있는 것은 더러는 있다. 예( ) 아니오( )

63 단지 나는 습관적으로 다른 사람들과 어울린다(다른 사람들 예( ) 아니오( )
   과 어울릴 만한 의미나 이유를 찾지 못하겠다).

64 내가 태어나지 않았으면 좋았을 것이다.　　　　　　예( ) 아니오( )

65 일상적인 일에 직면하는 것이 고통스럽다.　　　　　예( ) 아니오( )

66 진정한 친구란 없다.　　　　　　　　　　　　　　예( ) 아니오( )

67 다른 사람들과 전혀 다른 세계에 살고 있는 것 같다.　예( ) 아니오( )

68 가족에 대한 책임감을 갖는 것은 허황된 자만심이다(가족에　예( ) 아니오( )
　　대한 책임감을 가질 필요가 없다).

69 요즈음 성격이 충동적으로 변한 것 같다.　　　　　예( ) 아니오( )

70 누군가가 내가 말하는 것 이상으로 나를 알려고 하면 화가　예( ) 아니오( )
　　난다.

71 골치 아픈 일은 모르는 것이 약이다.　　　　　　　예( ) 아니오( )

부록 #3. 자살 생각 척도

> 다음 문항들을 여러분이 일상생활에서 경험할 수 있는 내용들로 구성되어 있습니다. 다음의 문항들을 자세히 읽어 보시고, 당신이 생활에서 느끼고 있는 바를 가장 잘 나타내 주는 문항의 해당 번호에 V표 또는 O표를 해 주세요.

1. 당신은 당신의 생활에 대해 어떻게 느끼십니까?
   1) 매우 행복하다 ( )   2) 행복하다 ( )
   3) 불행하다 ( )   4) 매우 불행하다 ( )
   5) 모르겠다 ( )

2. 당신이 1번 문항에서 1) 또는 2)에 응답했다면 당신을 행복하게 만드는 것은 무엇입니까?
   1) 부모님이 잘 이해해 주신다 ( )   2) 친구들과 사이가 좋다 ( )
   3) 학교 성적이 우수하여 긍지를 느낀다 ( )   4) 기 타 ( )

3. 당신이 1번 문항에서 3) 또는 4)에 응답했다면 당신을 불행하게 하는 것은 무엇 때문입니까?
   1) 부모님이 날 이해 못 하고 잔소리만 심하다 ( )
   2) 친구들이 멸시하는 것 같다 ( )
   3) 아무리 노력해도 성적은 오르지 않는다 ( )
   4) 별 의욕이 없다 ( )

4. 당신은 당신의 미래가 지금보다 나아질 수 있다고 생각합니까?
   1) 분명히 나아진다 ( )   2) 나아진다 ( )
   3) 아니다 ( )   4) 확실히 아니다 ( )
   5) 모르겠다 ( )

5. 당신은 죽고 싶다는 마음이 든 적이 있습니까? 있다면 얼마나 자주입니까?
   1) 한 번도 없다 ( )   2) 한두 번 해 본 적 있다 ( )
   3) 한 달에 한두 번 한다 ( )   4) 거의 매일 한다 ( )

6. 당신은 어느 때 자살하고 싶은 마음이 생기는가?
   1) 학업성적이 떨어졌을 때 ( )   2) 공부하기 지겨울 때 ( )
   3) 부모에게 잔소리 들었을 때 ( )   4) 동성친구와 헤어졌을 때 ( )

5) 선생님께 꾸중 들었을 때 ( )   6) 열등한 인간이라는 생각이
                                      들었을 때 ( )

7) 장래에 희망이 없다는 생각이 들 때 ( )   8) 부모가 서로 싸울 때 ( )

7. 당신이 자살을 생각해 본 적이 있다면 어느 정도까지 생각해 봤습니까?
   1) 자살을 생각해 본 적이 없다 ( )
   2) 죽고 싶다는 기분이 든 적이 있다 ( )
   3) 어떻게 죽을까 하고 방법을 생각해 본 적이 있다 ( )
   4) 자살을 위한 준비를 해 본 적이 있다 ( )
   5) 자살 시도를 한 적이 있다 ( )
   6) 기 타 ( )

8. 당신은 자살하고 싶은 마음이 들 때 어떤 기분이 들었습니까?
   1) 그런 생각을 하는 내 자신이 무서웠다 ( )
   2) 죽으면 어떻게 될까 걱정이 되었다 ( )
   3) 자살은 죄라는 생각이 들었다 ( )
   4) 누구하고든 이야기하고 싶었다 ( )
   5) 죽으면 모든 것을 잊을 수 있을 것 같아 편안했다 ( )
   6) 기 타 ( )

9. 당신은 자살하고 싶은 마음이 들 때 어떻게 행동하였습니까?
   1) 곧 잊어버렸다 ( )
   2) 어떻게 하면 좋을지 다른 사람과 의논했다 ( )
   3) 왜 자살하고 싶은지 생각해 보았다 ( )
   4) 어떻게 하면 자살을 할 수 있을까 생각해 보았다 ( )
   5) 자살을 시도했다 ( )
   6) 기 타 ( )

10. 자살하고 싶은 마음이 들었어도 자살 시도를 하지 않을 수 있었던 것은 어
    떤 것 때문입니까?
    1) 부모님이 불쌍해서 ( )
    2) 내 생명이 아까워서 ( )
    3) 무섭고 용기가 없어서 ( )
    4) 어떻게 죽어야 하는지 방법을 몰라서 ( )
    5) 시간이 흘러 저절로 기분이 달라졌다 ( )
    6) 자살이 '죄'라는 생각이 들었다 ( )

7) 사는 대로 사는 것이 더 좋았다 ( )　　　　8) 기 타 ( )

11. 앞으로 혹시 자살하고 싶은 생각이 든다면 당신은 누구와 의논하겠습니까?
　　1) 아무하고도 의논하지 않겠다 ( )　　　2) 친구하고 의논하겠다 ( )
　　3) 부모님하고 의논하겠다 ( )　　　　　4) 선생님하고 의논하겠다 ( )
　　5) 상담실에 찾아가겠다 ( )　　　　　　6) 기 타 ( )

12. 동료학생이 시험이나 입시 때문에 자살했다는 뉴스를 들었을 때 당신은 그 친구에 대해 어떤 마음이 드십니까?
　　1) 얼마나 힘들었으면 죽었을까 하는 이해하는 마음이 생긴다 ( )
　　2) 참 용기 있는 사람이라는 생각이 든다 ( )
　　3) 죽어서 편안하겠다는 생각이 든다 ( )
　　4) 삶을 포기한 것에 대하여 바보 같다는 생각이 든다 ( )
　　5) 나도 죽고 싶다는 생각이 든다 ( )
　　6) 어려운 일을 극복한 것이 아니라 회피했기 때문에 비겁하다는 생각이 들었다 ( )
　　7) 기 타 ( )

13. 죽고 싶다는 말을 다른 사람에게 한 적이 있습니까?
　　1) 없다 ( )　　　　2) 부모 ( )　　　　3) 친구 ( )
　　4) 선생님 ( )　　　5) 상담자 ( )　　　6) 기 타 ( )

14. 처음 자살을 생각해 본 시기가 언제입니까?
　　1) 없다 ( )　　　　2) 유치원 ( )　　　3) 초등학교 ( )
　　4) 중학교 ( )　　　5) 고등학교 ( )

15. 당신의 부모 성격은 어떻습니까?
　　1) 사랑해 주지는 않고 엄격하기만 하다 ( )
　　2) 사랑해 주지는 않지만 엄하지는 않다 ( )
　　3) 사랑해 주시지만 엄하지는 않다 ( )
　　4) 사랑해 주시지만 엄한 편이다 ( )
　　5) 기 타 ( )

16. 당신 가정의 경제적 수준은 어느 정도입니까?
　　1) 상층이다 ( )　　　2) 중층이다 ( )　　　3) 하층이다 ( )

17. 당신은 어떤 종교를 가지고 있습니까? ( )

부록 #4. 이상 - 현실 괴리 형용사의 요인 분석표

주축 요인 분석(principal axis factoring)

문항	요인 1	요인 2	요인 3	요인 4	요인 5	요인 6	Com
성실한	.43	.28	.05	.26	.33	.13	.47
용기가 있는	.54	.47	.20	.00	.10	.01	.57
최선을 다하는	.70	.18	.12	.19	−.05	.28	.67
믿음직스러운	.58	.22	.45	.06	.13	.12	.63
목표 의식	.57	.23	.29	.14	.18	−.25	.58
열심히 공부	.67	.17	−.07	.11	.10	.13	.53
대인관계	.48	.19	.23	.09	.14	.19	.39
자기 조절	.67	.15	.18	−.02	.26	.06	.65
다른 사람 위함	.58	−.03	.41	.15	.11	−.11	.56
부모 공경	.52	.15	.17	.22	−.00	.11	.39
적극적	.17	.59	.01	.39	.11	.19	.60
독립적인	.06	.73	.09	.10	.15	.05	.59
결단력	.30	.53	.19	.20	.12	.00	.46
자신감	.32	.73	.16	.12	.12	.04	.70
호감이 가는	.37	.47	.42	−.06	.10	.12	.58
이해심 있는	.13	.15	.73	.21	.01	.02	.63
참을성 있는	.29	.00	.51	.22	.29	.15	.50
마음이 따뜻한	.24	.21	.70	.08	.01	.15	.63
책임감 있는	.26	.31	.35	.18	.26	.11	.41
성실한	.37	.29	.01	.41	.19	.35	.56
솔직한	.09	.09	.12	.81	.09	.03	.70
진실한	.13	.18	.27	.72	.14	−.01	.67
독립적인	.15	.31	−.03	.00	.66	.17	.59
낙관적인	−.04	.23	.39	.02	.45	.36	.55
현실적인	.18	.05	.22	.26	.65	−.17	.61
건강한	.21	.00	.26	.05	.09	.71	.65
끈기 있는	.33	.22	−.15	.36	.37	.40	.62
Eigenvalue	9.23	1.58	1.37	1.25	1.08	1.02	

N = 289

부록 #5. 사회복지사업법

[(타)일부개정 2008.2.29. 법률 제8852호]

第1章 總則

第1條 (目的) 이 法은 社會福祉事業에 관한 기본적 사항을 規定하여 社會福祉를 필요로 하는 사람의 人間다운 生活을 할 權利를 보장하고 社會福祉의 전문성을 높이며, 社會福祉事業의 공정·透明·적정을 기하고, 지역사회복지의 체계를 구축함으로써 社會福祉의 增進에 이바지함을 目的으로 한다.<개정 2003.7.30.>

제2條 (定義) 이 법에서 사용하는 용어의 정의는 다음과 같다.<개정 2004.1.29, 2004.3.22, 2006.3.24, 2007.10.17, 2007.12.14.>

1. '사회복지사업'이라 함은 다음 각 목의 법률에 의한 보호·선도 또는 복지에 관한 사업과 사회복지상담·부랑인 및 노숙인보호·직업보도·무료숙박·지역사회복지·의료복지·재가복지·사회복지관운영·정신질환자 및 한센병력자 사회복귀에 관한 사업 등 각종 복지사업과 이와 관련된 자원봉사활동 및 복지시설의 운영 또는 지원을 목적으로 하는 사업을 말한다.
   가. 국민기초생활보장법
   나. 아동복지법
   다. 노인복지법
   라. 장애인복지법

마. 한부모가족지원법

바. 영유아보육법

사. 성매매방지 및 피해자보호 등에 관한 법률

아. 정신보건법

자. 성폭력범죄의 처벌 및 피해자보호 등에 관한 법률

차. 입양촉진 및 절차에 관한 특례법

카. 일제하 일본군위안부피해자에 대한 생활안정지원 및 기념사업 등에 관한 법률

타. 사회복지공동모금회법

파. 장애인·노인·임산부 등의 편의증진보장에 관한 법률

하. 가정폭력방지 및 피해자보호 등에 관한 법률

거. 농어촌주민의 보건복지증진을 위한 특별법

니. 식품기부 활성회에 관한 법률

더. 의료급여법

1의 2. '지역사회복지'란 주민의 복지증진과 삶의 질 향상을 위하여 지역사회 차원에서 전개하는 사회복지를 말한다.

2. '사회복지법인'이라 함은 사회복지사업을 행할 목적으로 설립된 법인을 말한다.

3. '사회복지시설'이라 함은 사회복지사업을 행할 목적으로 설치된 시설을 말한다.

3의 2. '사회복지관'이란 지역사회를 기반으로 일정한 시설과 전문인력을 갖추고 지역주민의 참여와 협력을 통하여 지역사회복지문제를 예방하고 해결하기 위하여 종합적인 복지서비스를 제공하는 시설을 말한다.

4. '사회복지서비스'라 함은 국가·지방자치단체 및 민간부문의 도움을 필요로 하는 모든 국민에게 상담·재활·직업소개 및 지도, 사회복지시설의 이용 등을 제공하여 정상적인 사회생활이 가능하도록 제도적으로 지원하는 것을 말한다.
5. '보건의료서비스'라 함은 국민의 건강을 보호·증진하기 위하여 보건의료인이 행하는 모든 활동을 말한다.

[전문개정 2003.7.30.]

第3條 (다른 法律과의 관계) ① 社會福祉事業의 내용, 節次 등에 관하여 제2조 제1호 각 목의 법률에 특별한 規定이 있는 경우를 제외하고는 이 法이 정하는 바에 의한다.<개정 2003.7.30.>
  ② 제2조 제1호 각 목의 법률을 改正하는 경우에 이 法에 부합하도록 하여야 한다.<개정 2003.7.30.>

第4條 (福祉增進의 責任) ① 國家와 地方自治團體는 社會福祉를 增進할 責任을 진다.
  ② 국가와 지방자치단체는 사회복지서비스와 보건의료서비스를 함께 필요로 하는 사람에게 이들 서비스가 연계되어 제공되도록 노력하여야 한다.<신설 2003.7.30.>
  ③ 國家·地方自治團體 기타 社會福祉事業을 행하는 者는 社會福祉를 필요로 하는 者에 대하여 그 사업과 관련한 相談·作業治療·職業訓練 등을 실시하고 필요한 경우에는 住民의 福祉欲求를 調査할 수 있다.
  ④ 국가 및 지방자치단체는 도움을 필요로 하는 국민이 적절한 사

회복지서비스를 제공받을 수 있도록 사회복지서비스 수요자 등을 고려하여 사회복지시설이 균형 있게 설치되도록 노력하여야 한다.<신설 2007.12.14.>

⑤ 국가 및 지방자치단체는 민간부문의 사회복지증진활동이 활성화되도록 노력하여야 한다.<신설 2007.12.14.>

第5條 (最大奉仕의 원칙) 이 法에 의하여 福祉業務에 종사하는 사람은 그 業務를 행함에 있어서 社會福祉를 필요로 하는 사람을 위하여 차별 없이 최대로 奉仕하여야 한다.

第6條 (施設設置妨害禁止) ① 누구든지 정당한 이유 없이 社會福祉施設의 設置를 방해하여서는 아니 된다.

② 市長·郡守·區廳長(自治區의 區廳長을 말한다. 이하 같다)은 정당한 이유 없이 社會福祉施設의 設置를 지연시키거나 제한하는 措置를 하여서는 아니 된다.

제6조의 2 (사회복지업무의 전자화) ① 국가 및 지방자치단체는 사회복지업무를 전자적으로 처리할 수 있도록 필요한 시책을 강구하여야 한다.

② 사회복지법인의 대표이사 및 사회복지시설의 장은 국가 및 지방자치단체가 실시하는 사회복지업무의 전자화 시책에 협력하여야 한다.

[본조신설 2007.12.14.]

第7條 (社會福祉委員會) ① 社會福祉事業에 관한 중요 사항과 제15조의 3 제2항의 규정에 의한 지역사회복지계획을 審議 또는 建議하기 위하여 특별시 · 광역시 · 도(이하 '시 · 도'라 한다)에 社會福祉委員會를 둔다.<개정 2003.7.30.>

　② 社會福祉委員會의 委員은 다음 各號의 1에 해당하는 者 중에서 특별시장 · 광역시장 · 도지사(이하 '시 · 도지사'라 한다)가 임명 또는 위촉한다.<개정 2003.7.30.>

1. 사회복지 또는 보건의료에 관한 學識과 經驗이 풍부한 者
2. 社會福祉法人의 代表者
3. 社會福祉事業을 행하는 非營利法人 또는 團體의 代表者
4. 社會福祉를 필요로 하는 사람의 이익 등을 代表하는 者
5. 제7조의 2의 규정에 의한 지역사회복지협의체의 대표자
6. 공익단체(비영리민간단체지원법 제2조의 규정에 의한 비영리민간단체를 말한다. 이하 같다)에서 추천한 자
7. 사회복지공동모금회법 제14조의 규정에 의한 사회복지공동모금지회에서 추천한 자

　③ 다음 各號의 1에 해당하는 者는 社會福祉委員會의 委員이 될 수 없다.<개정 1999.4.30, 2003.7.30, 2005.3.31, 2007.12.14.>

1. 未成年者
2. 禁治産者 또는 限定治産者
3. 파산선고를 받은 자로서 復權되지 아니한 者
4. 法院의 判決 또는 다른 法律에 의하여 資格이 상실 또는 정지된 者
5. 禁錮 이상의 實刑의 宣告를 받고 그 執行이 종료(執行이 종료된 것으로 보는 경우를 포함한다)되거나 執行이 免除된 날부터 3年

이 경과되지 아니한 者

6. 禁錮 이상의 刑의 執行猶豫宣告를 받고 그 猶豫期間 중에 있는 者

7. 第5號 및 第6號의 規定에 불구하고 社會福祉事業 또는 그 職務와 관련하여 아동복지법 제40조 또는 제41조, 補助金의 豫算 및 管理에 관한 法律 第40條 내지 第42條 또는 刑法 第28章·第40章(第360條를 제외한다)의 罪를 범하거나 이 法에 위반하여 100만 원 이상의 罰金刑의 宣告를 받고 그 刑이 확정된 후 5年 또는 刑의 執行猶豫의 宣告를 받고 그 刑이 확정된 후 7年이 경과하지 아니하거나 懲役刑의 宣告를 받고 그 執行이 종료(執行이 종료된 것으로 보는 경우를 포함한다)되거나 執行이 免除된 날부터 7年이 경과되지 아니한 者

④ 社會福祉委員會의 組織·운영에 관하여 필요한 사항은 보건복지가족부령이 정하는 바에 따라 당해 시·도의 條例로 정한다.<개정 2003.7.30, 2008.2.29.>

제7조의 2 (지역사회복지협의체) ① 관할지역 안의 사회복지사업에 관한 중요사항과 제15조의 3 제1항의 규정에 의한 지역사회복지계획을 심의 또는 건의하고, 사회복지·보건의료 관련 기관·단체가 제공하는 사회복지서비스 및 보건의료서비스의 연계·협력을 강화하기 위하여 시·군·구(자치구를 말한다. 이하 같다)에 지역사회복지협의체를 둔다.

② 지역사회복지협의체의 위원은 다음 각 호의 1에 해당하는 자 중에서 시장·군수·구청장이 임명 또는 위촉한다.

1. 사회복지 또는 보건의료에 관한 학식과 경험이 풍부한 자

2. 사회복지사업을 행하는 기관·단체의 대표자

3. 보건의료사업을 행하는 기관·단체의 대표자

4. 공익단체에서 추천한 자

5. 사회복지업무 또는 보건의료업무를 담당하는 공무원

③ 지역사회복지협의체의 업무를 효율적으로 수행하기 위하여 지역사회복지협의체에 실무협의체를 둔다.<개정 2007.12.14.>

④ 지역사회복지협의체 및 실무협의체의 조직·운영에 관하여 필요한 사항은 보건복지가족부령이 정하는 바에 따라 시·군·구의 조례로 정한다.<개정 2008.2.29.>

⑤ 제7조 제3항의 규정은 지역사회복지협의체의 위원에 대하여 이를 준용한다. 이 경우 '사회복지위원회'는 '지역사회복지협의체'로 본다.

[본조신설 2003.7.30.]

第8條 (福祉委員) ① 市長·郡守·區廳長은 邑·面·洞의 社會福祉事業을 원활하게 수행하도록 하기 위하여 邑·面·洞單位에 福祉委員을 위촉하여야 한다.<개정 2007.12.14.>

② 福祉委員은 名譽職으로 하되, 豫算의 범위 안에서 手當을 지급할 수 있다.

③ 福祉委員의 資格·職務·委囑節次 등에 관하여 필요한 사항은 보건복지가족부령으로 정한다.<개정 2008.2.29.>

第9條 (社會福祉 自願奉仕活動의 지원·육성) ① 國家 및 地方自治團體는 社會福祉 自願奉仕活動을 지원·육성하기 위하여 다음 各號

의 사항을 실시하여야 한다.

1. 自願奉仕活動의 弘報 및 敎育
2. 自願奉仕活動프로그램의 開發・普及
3. 自願奉仕活動 중의 災害에 대비한 施策의 開發
4. 기타 自願奉仕活動의 지원에 필요한 사항

② 國家 및 地方自治團體는 第1項 各號의 사항을 효율적으로 수행하기 위하여 社會福祉法人 기타 非營利法人・團體에 이를 委託할 수 있다.

第10條 (指導訓練) ① 보건복지가족부장관은 이 法 기타 社會福祉關聯法律의 施行에 관한 事務에 종사하는 公務員과 社會福祉事業에 종사하는 者의 資質向上을 위하여 필요한 指導와 訓練을 행할 수 있다.<개정 1999.4.30, 2008.2.29.>

② 第1項의 訓練에 관하여 필요한 사항은 보건복지가족부령으로 성한다.<개정 2008.2.29.>

第11條 (社會福祉士資格證의 교부 등) ① 보건복지가족부장관은 사회복지에 관한 전문지식과 기술을 가진 자에게 사회복지사의 자격증을 교부할 수 있다.<개정 2005.7.13, 2008.2.29.>

② 第1項의 規定에 의한 社會福祉士의 等級은 1・2・3級으로 하고 等級別 資格基準 및 資格證의 交付節次 등은 大統領令으로 정한다.

③ 社會福祉士 1級의 資格證을 교부받고자 하는 者는 國家試驗에 合格하여야 한다.

④ 보건복지가족부장관은 第2項의 規定에 의한 社會福祉士의 資格證을 교부 또는 재교부받고자 하는 者에게 보건복지가족부령이 정하는 바에 의하여 수수료를 납부하게 할 수 있다.<개정 1999.4.30, 2008.2.29.>

제11조의 2 (사회복지사의 결격사유) 다음 각 호의 어느 하나에 해당하는 자는 사회복지사가 될 수 없다.<개정 2007.12.14.>

1. 금치산자 또는 한정치산자
2. 삭제<2007.12.14.>
3. 금고 이상의 형의 선고를 받고 그 집행이 종료되지 아니하였거나 그 집행을 받지 아니하기로 확정되지 아니한 자
4. 법률 또는 법원의 판결에 의하여 자격이 상실 또는 정지된 자
5. 마약·대마 또는 향정신성의약품의 중독자

[본조신설 2005.7.13.]

第12條 (國家試驗) ① 第11條 第3項의 規定에 의한 國家試驗은 보건복지가족부장관이 施行하되, 試驗의 관리는 大統領令이 정하는 바에 의하여 試驗管理能力이 있다고 인정되는 關係專門機關에 委託할 수 있다.<개정 2008.2.29.>

② 보건복지가족부장관은 第1項의 規定에 의하여 國家試驗의 관리를 委託한 때에는 그에 소요되는 費用을 豫算의 범위 안에서 보조할 수 있다.<개정 2008.2.29.>

③ 第1項의 規定에 의하여 試驗의 관리를 委託받은 機關은 보건복지가족부장관의 승인을 받아 정한 금액을 응시수수료로 받을

수 있다.<개정 2007.12.14, 2008.2.29.>

④ 試驗의 科目·應試資格 등 試驗 실시에 관하여 필요한 사항은 大統領令으로 정한다.

第13條 (사회복지사의 채용 및 교육 등<개정 2007.12.14.>) ① 社會福祉法人 및 社會福祉施設을 設置·운영하는 者는 大統領令이 정하는 바에 의하여 社會福祉士를 그 從事者로 採用하여야 한다. 다만, 大統領令이 정하는 社會福祉施設은 그러하지 아니하다.

② 보건복지부장관은 사회복지사의 자질향상을 위하여 필요하다고 인정하는 경우 사회복지사에 대하여 교육받을 것을 명할 수 있다. 다만, 사회복지법인 또는 사회복지시설에 종사하는 사회복지사는 정기적으로 보수교육을 받아야 한다.<신설 2007.12.14.> <시행일 2009.1.1.>

③ 사회복지법인 또는 사회복지시설을 운영하는 자는 그 법인 또는 시설에 종사하는 사회복지사에 대하여 제2항 단서에 따른 교육을 이유로 불이익한 처분을 하여서는 아니 된다.<신설 2007.12.14.><시행일 2009.1.1.>

④ 보건복지부장관은 제2항에 따른 교육을 보건복지부령으로 정하는 기관 또는 단체에 위탁할 수 있다.<신설 2007.12.14.><시행일 2009.1.1.>

⑤ 제2항에 따른 교육의 기간·방법 및 내용과 제4항에 따른 위탁 등에 관하여 필요한 사항은 보건복지부령으로 정한다.<신설 2007.12.14.><시행일 2009.1.1.>

第14條 (社會福祉專擔公務員) ① 社會福祉事業에 관한 業務를 담당하게 하기 위하여 市·道, 市·郡·區 및 邑·面·洞 또는 第15條의 規定에 의한 福祉事務專擔機構에 社會福祉專擔公務員(이하 '福祉專擔公務員'이라 한다)을 둘 수 있다.<개정 1999.4.30.>

② 福祉專擔公務員은 社會福祉士의 資格을 가진 者로 하며, 그 任用 등 기타 필요한 사항은 大統領令으로 정한다.<개정 1999.4.30.>

③ 福祉專擔公務員은 그 管轄地域 안의 社會福祉를 필요로 하는 사람 등에 대하여 항상 그 生活實態 및 家庭環境 등을 파악하고, 社會福祉에 관하여 필요한 相談과 指導를 행한다.

④ 關係行政機關 및 社會福祉施設을 設置·운영하는 者는 福祉專擔公務員의 業務遂行에 協調하여야 한다.

⑤ 國家는 福祉專擔公務員의 報酬 등에 소요되는 비용의 전부 또는 일부를 보조할 수 있다.<신설 1999.4.30.>

第15條 (福祉事務專擔機構의 設置) ① 社會福祉事業에 관한 業務를 효율적으로 운영하기 위하여 필요한 경우 市·郡·區 또는 邑·面·洞에 福祉事務를 專擔하는 機構를 따로 設置할 수 있다.

② 第1項의 規定에 의한 福祉事務專擔機構의 事務의 범위·組織 기타 필요한 사항은 당해 市·郡·區의 條例로 정한다.

第15條의 2 (社會福祉의 날) ① 國家는 國民의 社會福祉에 대한 이해를 增進하고 社會福祉事業 從事者의 活動을 獎勵하기 위하여 매년 9月 7日을 社會福祉의 날로 하고 社會福祉의 날부터 1週間을 社會福祉週間으로 한다.

② 國家와 地方自治團體는 社會福祉의 날 취지에 적합한 行事 등
사업을 실시하도록 노력하여야 한다.

[본조신설 2000.1.12.]

제1장의 2 지역사회복지계획의 수립·시행<신설 2003.7.30.>

제15조의 3 (지역사회복지계획의 수립) ① 시장·군수·구청장은
지역주민 등 이해관계인의 의견을 들은 후 지역사회복지협의체의 심
의를 거쳐 당해 시·군·구의 지역사회복지계획을 수립하고 이를
시·도지사에게 제출하여야 한다. 이 경우 지역보건법 제3조 제1항의
규정에 의한 지역보건의료계획과 연계되도록 하여야 한다.

② 시·도지사는 제1항의 규정에 의하여 제출받은 시·군·구의
지역사회복지계획을 종합·조정하여 사회복지위원회의 심의를
거쳐 시·도의 지역사회복지계획을 수립하고 이를 보건복지가
족부장관에게 제출하여야 한다. 이 경우 지역보건법 제3조 제2
항의 규정에 의한 지역보건의료계획과 연계되도록 하여야 한
다.<개정 2008.2.29.>

③ 시·도지사 또는 시장·군수·구청장은 제1항 또는 제2항의 규
정에 의한 지역사회복지계획(이하 '지역복지계획'이라 한다)을
수립함에 있어서 필요하다고 인정하는 경우에는 사회복지 관련
기관·단체 등에 대하여 자료제공 및 협력을 요청할 수 있다.

④ 보건복지가족부장관 또는 시·도지사는 지역복지계획의 내용
에 관하여 필요하다고 인정하는 경우에는 시·도지사 또는 시
장·군수·구청장에 대하여 보건복지가족부령이 정하는 바에

의하여 그 조정을 권고할 수 있다.<개정 2008.2.29.>

⑤ 지역복지계획의 수립방법 및 수립시기 등에 관하여 필요한 사항은 대통령령으로 정한다.

[본조신설 2003.7.30.]

제15조의 4 (지역복지계획의 내용) 지역복지계획에는 다음 각 호의 사항이 포함되어야 한다.<개정 2007.12.14.>

1. 복지수요의 측정 및 전망에 관한 사항

2. 사회복지시설 및 재가복지에 대한 장·단기 공급대책에 관한 사항

3. 인력·조직 및 재정 등 복지자원의 조달 및 관리에 관한 사항

4. 사회복지전달체계에 관한 사항

5. 사회복지서비스 및 보건의료서비스의 연계제공방안에 관한 사항

6. 지역사회복지에 관련된 통계의 수집 및 정리에 관한 사항

6의 2. 사회복지시설에 종사하는 자의 처우개선에 관한 사항

7. 그 밖에 대통령령이 정하는 사항

[본조신설 2003.7.30.]

제15조의 5 (지역복지계획의 시행) ① 시·도지사 또는 시장·군수·구청장은 보건복지가족부령이 정하는 바에 의하여 지역복지계획을 시행하여야 한다.<개정 2008.2.29.>

② 시·도지사 또는 시장·군수·구청장은 지역복지계획을 시행함에 있어서 필요하다고 인정하는 경우에는 민간 사회복지 관련 단체 등에 대하여 인력·기술 및 재정 지원을 할 수 있다.

[본조신설 2003.7.30.]

제15조의 6 (지역복지계획 시행결과의 평가) ① 보건복지가족부장관 또는 시·도지사는 대통령령이 정하는 바에 의하여 시·도 또는 시·군·구의 지역복지계획의 시행결과를 평가할 수 있다.<개정 2008.2.29.>

② 보건복지가족부장관 또는 시·도지사는 필요한 경우 제1항의 규정에 의한 평가결과를 제42조의 규정에 의한 비용의 보조에 반영할 수 있다.<개정 2008.2.29.>

[본조신설 2003.7.30.]

第2章 社會福祉法人

第16條 (法人의 設立許可) ① 社會福祉法人(이하 이 章에서 '法人'이라 한다)을 設立하고자 하는 者는 大統領令이 정하는 바에 의하여 보건복지가족부장관의 許可를 받아야 한다.<改正 1999.4.30, 2008.2.29.>

② 第1項의 規定에 의하여 設立된 法人은 主된 事務所의 所在地에서 設立登記를 하여야 한다.

第17條 (定款) ① 法人의 定款에는 다음 各號의 사항을 기재하여야 한다.<개정 1999.4.30.>

1. 目的
2. 명칭
3. 主된 事務所의 所在地
4. 사업의 종류
5. 資産 및 會計에 관한 사항

6. 任員의 任免 등에 관한 사항

7. 會議에 관한 사항

8. 收益을 目的으로 하는 사업이 있는 경우 그에 관한 사항

9. 定款의 변경에 관한 사항

10. 存立時期와 解散事由를 정한 때에는 그 時期와 사유 및 殘餘財産의 처리방법

11. 公告 및 그 방법에 관한 사항

② 法人이 定款을 변경하고자 할 때에는 보건복지가족부장관의 認可를 받아야 한다. 다만, 보건복지가족부령으로 정하는 경미한 사항의 경우에는 그러하지 아니하다.<개정 1999.4.30, 2008.2.29.>

第18條 (任員) ① 法人은 代表理事를 포함한 理事 5人 이상과 監事 2人 이상을 두어야 한다.

② 理事會의 구성에 있어서 大統領令이 정하는 특별한 관계에 있는 者가 理事現員의 5분의 1을 초과할 수 없다.<개정 2003.7.30.>

③ 理事의 任期는 3年으로 하고 監事의 任期는 2年으로 하되, 각각 連任할 수 있다.<개정 1999.4.30.>

④ 外國人인 理事는 理事現員의 2分의 1 미만이어야 한다.

⑤ 法人은 任員을 任免하는 경우에는 보건복지가족부령이 정하는 바에 의하여 지체 없이 이를 보건복지가족부장관에게 보고하여야 한다.<개정 1999.4.30, 2008.2.29.>

⑥ 監事는 理事와 第2項의 規定에 의한 특별한 관계에 있는 者가 아니어야 하며, 그중 1人은 大統領令이 정하는 바에 의하여 法律과 會計에 관한 知識과 經驗이 있는 者 중에서 보건복지가족

부장관이 추천할 수 있다.<개정 1999.4.30, 2008.2.29.>

第19條 (任員의 缺格事由) ① 다음 各號의 1에 해당하는 者는 任員이 될 수 없다.<개정 1999.4.30.>

1. 第7條 第3項 各號의 1에 해당하는 者
2. 第22條의 規定에 의한 解任命令에 따라 解任된 날부터 5年이 경과되지 아니한 者

② 任員이 第1項 各號에 해당하게 된 때에는 그 資格을 상실한다.

第20條 (任員의 補充) ① 理事 또는 監事 중에 缺員이 생긴 때에는 2月 이내에 이를 補充하여야 한다.

② 法人이 第1項의 規定에 의한 기간 내에 缺員補充을 하지 아니하는 경우에는 보건복지가족부장관은 지체 없이 이해관계인의 請求 또는 職權으로 臨時理事를 選任하여야 한다.<개정 1999.4.30, 2008.2.29.>

③ 第2項의 規定에 의한 臨時理事의 選任에 관하여 필요한 사항은 보건복지가족부령으로 정한다.<개정 2008.2.29.>

第21條 (任員의 兼職禁止) ① 理事는 法人이 設置한 社會福祉施設의 長을 제외한 당해 施設의 職員을 겸할 수 없다.

② 監事는 法人의 理事, 法人이 設置한 社會福祉施設의 長 또는 그 職員을 겸할 수 없다.

第22條 (任員의 解任命令<개정 1999.4.30.>) 보건복지가족부장관

은 任員이 다음 各號의 1에 해당한 때에는 法人에 대하여 그 任員의 解任을 명할 수 있다.<개정 1999.4.30, 2008.2.29.>

1. 보건복지가족부장관의 命令을 정당한 이유 없이 이행하지 아니한 때
2. 會計不正이나 현저한 不法行爲 기타 부당행위 등이 발견되었을 때
3. 法人의 業務에 관하여 보건복지가족부장관에게 보고할 사항에 대하여 故意로 보고를 지연하거나 허위보고를 한 때
4. 기타 이 法 또는 이 法에 의한 命令을 위반한 때

第23條 (財産 등) ① 法人은 社會福祉事業의 운영에 필요한 財産을 所有하여야 한다.

② 法人의 財産은 보건복지가족부령이 정하는 바에 의하여 基本財産과 普通財産으로 구분하며, 基本財産은 그 目錄과 價額을 定款에 기재하여야 한다.<개정 2008.2.29.>

③ 法人은 基本財産에 관하여 다음 各號의 1에 해당하는 경우에는 보건복지가족부장관의 許可를 받아야 한다. 다만, 보건복지가족부령으로 정하는 사항에 대해서는 그러하지 아니하다.<개정 1999.4.30, 2008.2.29.>

1. 賣渡·贈與·交換·賃貸·擔保提供 또는 용도 변경하고자 할 때
2. 보건복지가족부령이 정하는 금액 이상을 1年 이상 長期借入하고자 할 때

④ 第1項의 規定에 의한 財産과 그 會計에 관하여 필요한 사항은 보건복지가족부령으로 정한다.<개정 2008.2.29.>

第24條 (財産取得報告) 法人이 買收·寄附採納, 後援 등의 방법으로 財産을 취득한 때에는 지체 없이 이를 法人의 財産으로 編入措置하여야 한다. 이 경우 法人은 그 취득사유, 取得財産의 종류·數量 및 價額을 매년 보건복지가족부장관에게 보고하여야 한다.<개정 1999.4.30, 2008.2.29.>

第25條 삭제<1999.4.30.>

第26條 (設立許可 取消 등) ① 보건복지가족부장관은 法人이 다음 各號의 1에 해당할 때에는 기간을 정하여 是正命令을 하거나 設立許可를 取消할 수 있다. 다만, 第1號에 해당하는 때에는 設立許可를 取消하여야 한다.<개정 1999.4.30, 2007.12.14, 2008.2.29.>

1. 許偽 기타 부정한 방법으로 設立許可를 받은 때
2. 設立許可 조건에 위반한 때
3. 目的達成이 불가능하게 된 때
4. 目的事業 외의 사업을 한 때
5. 삭제<2007.12.14.>
6. 정당한 사유 없이 設立許可를 받은 날부터 6月 이내에 目的事業을 開始하지 아니하거나 1年 이상 事業實績이 없을 때
7. 기타 이 法 또는 이 法에 의한 命令이나 定款에 위반한 때

② 法人이 第1項 第2號 내지 第7號에 해당하여 設立許可를 取消하는 경우는 다른 방법으로 監督目的을 달성할 수 없거나 是正을 명한 후 6月 이내에 法人이 이를 이행하지 아니한 경우에 한한다.

第27條 (殘餘財産의 처리) ① 解散한 法人의 殘餘財産은 定款이 정하

는 바에 의하여 국가 또는 지방자치단체에 귀속된다.<개정 2003.7.30.>

② 第1項의 規定에 의하여 國家 또는 地方自治團體에 귀속된 財産
은 社會福祉事業에 사용하거나 유사한 目的을 가진 法人에게
無償으로 貸付하거나 無償으로 사용·收益하게 할 수 있다. 다
만, 해산한 법인의 이사 본인 및 그와 대통령령이 정하는 특별
한 관계에 있는 자가 이사로 있는 법인에 대해서는 그러하지 아
니하다.<개정 2003.7.30.>

第28條 (收益事業) ① 法人은 目的事業의 經費에 충당하기 위하여
필요한 때에는 法人의 設立目的 수행에 지장이 없는 범위 안에서 收
益事業을 할 수 있다.

② 法人은 第1項의 規定에 의한 收益事業으로부터 생긴 收益을 法
人 또는 그가 設置한 社會福祉施設의 운영 외의 目的에 사용할
수 없다.<개정 1999.4.30.>

③ 第1項의 規定에 의한 收益事業에 관한 會計는 法人의 다른 會
計와 구분하여 計理하여야 한다.

第29條 삭제<1999.4.30.>

第30條 (合併) ① 法人은 보건복지가족부장관의 許可를 받아 이 法
에 의한 다른 法人과 合併할 수 있다.<개정 1999.4.30, 2008.2.29.>

② 第1項의 規定에 의하여 法人이 合併하는 경우 合併 후 存續하
는 法人 또는 合併에 의하여 設立된 法人은 合併에 의하여 消滅
된 法人의 地位를 承繼한다.<신설 1999.4.30.>

第31條 (동일명칭 사용금지<개정 1999.4.30.>) 이 法에 의한 社會福祉法人이 아닌 者는 社會福祉法人이라는 용어를 사용하지 못한다.<개정 1999.4.30.>

第32條 (다른 法律의 準用) 法人에 관하여 이 法에 規定된 것을 제외하고는 民法과 公益法人의 設立·運營에 관한 法律을 準用한다.

第33條 (社會福祉協議會) ① 社會福祉에 관한 調查·研究와 각종 福祉事業을 造成하기 위하여 全國單位의 韓國社會福祉協議會(이하 '中央協議會'라 한다)와 市·道單位의 市·道社會福祉協議會(이하 '市·道協議會'라 한다)를 두며, 필요한 경우에는 시·군·구 단위의 시·군·구사회복지협의회(이하 '시·군·구협의회'라 한다)를 둘 수 있다.<개정 2003.7.30.>
　② 第1項의 規定에 의한 중앙협의회, 시·도협의회 및 시·군·구협의회는 이 法에 의한 社會福祉法人으로 하되, 第23條 第1項의 規定은 이를 적용하지 아니한다.<개정 2003.7.30.>
　③ 중앙협의회, 시·도협의회 및 시·군·구협의회의 組織과 운영 등에 관하여 필요한 사항은 大統領令으로 정한다.<개정 2003.7.30.>

제2장의 2 사회복지서비스의 실시<신설 2003.7.30.>

제33조의 2 (사회복지서비스의 신청) ① 사회복지서비스를 필요로 하는 자(이하 '보호대상자'라 한다)와 그 친족 그 밖의 관계인은 관할 시장·군수·구청장에게 보호대상자에 대한 사회복지서비스의 제공

(이하 '보호'라 한다)을 신청할 수 있다.

  ② 시·군·구 복지담당공무원은 이 법에 의한 보호대상자가 누락
    되지 아니하도록 하기 위하여 관할지역 안에 거주하는 보호대
    상자의 보호를 직권으로 신청할 수 있다. 이 경우 보호대상자의
    동의를 얻어야 하며, 동의를 얻은 경우에는 보호대상자가 신청
    한 것으로 본다.

  ③ 제1항의 규정에 의한 보호의 신청방법 등에 관하여 필요한 사
    항은 보건복지가족부령으로 정한다.<개정 2008.2.29.>

[본조신설 2003.7.30.]

  제33조의 3 (복지요구의 조사) ① 시장·군수·구청장은 제33조의
2의 규정에 의한 보호신청이 있는 경우 복지담당공무원에게 다음 각
호의 사항을 조사하게 한다.<개정 2007.12.14.>

  1. 신청인의 복지요구와 관련된 사항이나 그 밖에 신청인에게 필요
    하다고 인정되는 사회복지서비스 및 보건의료서비스에 관한 사항

  2. 보호대상자 및 그 부양의무자(국민기초생활보장법에 의한 부양
    의무자를 말한다. 이하 같다)의 소득·재산·근로능력 및 취업
    상태에 관한 사항

  3. 그 밖에 보호실시 여부를 결정하기 위하여 필요하다고 인정하는
    사항

  ② 시장·군수·구청장은 제1항의 규정에 의한 조사의 목적으로
    자료를 확보하기 위하여 신청인 또는 보호대상자와 그 부양의
    무자에게 필요한 자료의 제출을 요구할 수 있다.

[본조신설 2003.7.30.]

제33조의 4 (보호의 결정) ① 시장·군수·구청장은 제33조의 3의 규정에 의한 조사를 한 때에는 보호의 실시 여부와 그 유형을 결정하여야 한다.

② 시장·군수·구청장은 제1항의 규정에 의한 보호의 실시 여부와 그 유형을 결정하고자 하는 때에는 보호대상자 및 그 친족, 복지담당공무원 및 지역 안의 사회복지·보건의료사업 관련 기관·단체의 의견을 들을 수 있다.

③ 시장·군수·구청장은 제1항의 규정에 의하여 보호의 실시 여부와 그 유형을 결정한 때에는 이를 서면 또는 전자문서로 신청인에게 통지하여야 한다.<개정 2007.12.14.>

[본조신설 2003.7.30.]

제33조의 5 (보호대상자별 보호계획의 수립 등) ① 시장·군수·구청장은 보호대상자에 대하여 보호의 실시를 결정한 때에는 필요한 경우 지역사회복지협의체의 의견을 들어 다음 각 호의 사항이 포함된 보호대상자별 보호계획을 작성하여야 한다. 이 경우 보호대상자 또는 그 친족의 의견을 참작하여야 한다.<개정 2007.12.14.>

1. 사회복지서비스 및 보건의료서비스의 유형·방법·수량 및 제공기간

2. 제1호에 따른 서비스를 제공할 기관 또는 단체

3. 같은 보호대상자에 대하여 제1호에 따른 서비스를 제공하여야 할 기관 또는 단체가 2 이상인 경우는 기관 또는 단체 간의 연계 방법

② 시장·군수·구청장은 보호대상자의 사회복지서비스의 실시결

과를 정기적으로 평가하고 필요한 경우 보호대상자별 보호계획
을 변경할 수 있다.

③ 제1항의 규정에 의한 보호대상자별 보호계획의 작성 등에 관하여
필요한 사항은 보건복지가족부령으로 정한다.<개정 2008.2.29.>

[본조신설 2003.7.30.]

제33조의 6 (보호의 실시) ① 시장·군수·구청장은 제33조의 5의
규정에 의하여 작성된 보호대상자별 보호계획에 따라 보호를 실시하
여야 한다.

② 시장·군수·구청장은 보호의 실시가 긴급을 요하는 등 보건복
지가족부장관이 인정하는 경우 이 장의 규정에 의한 절차의 일
부를 생략할 수 있다.<개정 2008.2.29.>

[본조신설 2003.7.30.]

제33조의 7 (보호의 방법) ① 보호대상자에 대한 보호는 현물로 제
공함을 원칙으로 한다.

② 시장·군수·구청장은 국가 또는 지방자치단체외의 자로 하여
금 제1항의 보호를 실시하게 하는 경우에는 보호대상자에게 사
회복지서비스이용권(이하 '이용권'이라 한다)을 지급하여 국가
또는 지방자치단체 외의 자로부터 그 이용권으로 보호를 받게
할 수 있다.

③ 제2항의 규정에 의한 이용권의 지급대상, 사회복지서비스의 유
형 및 이용권의 지급방법 등에 관하여 필요한 사항은 보건복지
가족부령으로 정한다.<개정 2008.2.29.>

[본조신설 2003.7.30.]

第3章 社會福祉施設

第34條 (施設의 設置) ① 國家 또는 地方自治團體는 社會福祉施設 (이하 '施設'이라 한다)을 設置·운영할 수 있다.

② 國家 또는 地方自治團體외의 者가 施設을 設置·운영하고자 하는 때에는 보건복지가족부령이 정하는 바에 의하여 市長·郡守·區廳長에게 申告하여야 한다. 다만, 第40條의 規定에 의하여 閉鎖命令을 받고 1年이 經過되지 아니한 者는 施設의 設置·운영 申告를 할 수 없다.<개정 1999.4.30, 2008.2.29.>

③ 삭제<1999.4.30.>

④ 第2項의 規定에 의한 施設 중 사회복지관, 부랑인 및 노숙인보호를 위한 施設의 設置·운영에 관한 사항과 부랑인 및 노숙인보호를 위한 施設의 入·退所의 기준·節次 및 職業輔導 등에 관하여 필요한 사항은 보건복지가족부령으로 정한다.<개정 1999.4.30, 2003.7.30, 2008.2.29.>

⑤ 第1項의 規定에 의하여 國家 또는 地方自治團體가 設置한 施設은 필요한 경우 社會福祉法人 또는 非營利法人에게 委託하여 운영하게 할 수 있다.<개정 2003.7.30.>

⑥ 제5항의 規定에 의한 위탁운영의 기준·기간 및 방법 등에 관하여 필요한 사항은 보건복지가족부령으로 정한다.<신설 2003.7.30, 2008.2.29.>

第34條의 2 (保險加入義務) ① 施設의 운영자는 火災로 인한 損害賠償責任의 이행을 위하여 損害保險會社가 영위하는 責任保險에 加入하여야 한다.

② 國家 또는 地方自治團體는 豫算의 범위 안에서 第1項의 規定에 의한 責任保險에 소요되는 費用의 전부 또는 일부를 보조할 수 있다.

③ 第1項의 規定에 의하여 損害責任保險에 加入하여야 할 施設의 범위는 大統領令으로 정한다.

[본조신설 2000.1.12.]

第34條의 3 (施設의 安全點檢 등) ① 施設의 長은 施設에 대하여 定期 및 隨時安全點檢을 실시하여야 한다.

② 施設의 長은 第1項의 規定에 의하여 定期 또는 隨時安全點檢을 한 후 그 결과를 市長・郡守・區廳長에게 제출하여야 한다.

③ 市長・郡守・區廳長은 第2項의 規定에 의한 결과를 제출받은 후 필요한 경우 施設의 운영자로 하여금 施設의 補完 또는 改・補修를 요구할 수 있으며 이 경우 施設의 운영자는 이에 응하여야 한다.

④ 國家 또는 地方自治團體는 豫算의 범위 안에서 第1項 내지 第3項의 規定에 의한 安全點檢, 施設의 補完 및 施設의 改・補修에 소요되는 費用의 전부 또는 일부를 보조할 수 있다.

⑤ 第1項 내지 第4項의 規定에 의한 定期 또는 隨時安全點檢을 받아야 하는 施設의 범위 및 時期, 安全點檢機關과 그 節次는 大統領令으로 정한다.

[본조신설 2000.1.12.]

第35條 (施設의 長) ① 施設의 長은 常勤하여야 한다.

② 第7條 第3項 各號의 1에 해당하는 者는 施設의 長이 될 수 없다.

第36條 (運營委員會) ① 施設의 운영에 관한 다음 각 호의 사항을
審議하기 위하여 運營委員會를 둔다.<개정 2003.7.30.>

1. 시설운영계획의 수립·평가에 관한 사항
2. 사회복지프로그램의 개발·평가에 관한 사항
3. 시설종사자의 근무환경 개선에 관한 사항
4. 시설거주자의 생활환경 개선 및 고충처리 등에 관한 사항
5. 시설과 지역사회와의 협력에 관한 사항
6. 그 밖에 시설의 장이 부의하는 사항

② 運營委員會의 組織 및 운영에 관한 사항은 보건복지가족부령으
로 정한다.<개정 2008.2.29.>

第37條 (施設의 書類備置) 施設의 長은 後援金品臺帳 등 보건복지가
족부령이 정하는 書類를 施設 내에 비치하여야 한다.<개정 2008.2.29.>

第38條 (施設의 休止·再開·廢止申告 등<개정 1999.4.30.>) ① 第
34條 第2項의 規定에 의한 申告를 한 者는 지체 없이 施設의 운영을
開始하여야 한다.

② 施設의 運營者는 그 운영을 休止하거나 再開 또는 施設을 廢止
하고자 하는 때에는 보건복지가족부령이 정하는 바에 의하여 市

長・郡守・區廳長에게 申告를 하여야 한다.<개정 1999.4.30, 2008.2.29.>

③ 市長・郡守・區廳長은 第2項의 規定에 의한 施設運營의 休止 및 廢止의 경우 보건복지가족부령이 정하는 바에 의하여 施設居住者를 다른 施設로 보내는 등 施設居住者의 權益을 보호하기 위한 措置를 취하여야 한다.<개정 1999.4.30, 2008.2.29.>

④ 삭제<1999.4.30.>

第39條 삭제<1999.4.30.>

第40條 (施設의 개선, 사업의 정지, 閉鎖 등) ① 보건복지가족부장관, 市・道知事 또는 市長・郡守・區廳長은 施設이 다음 各號의 1에 해당할 때에는 그 施設의 개선, 사업의 정지, 施設의 長의 交替를 명하거나, 施設의 閉鎖를 명할 수 있다.<개정 1999.4.30, 2007.12.14, 2008.2.29.>

1. 施設이 設置基準에 미달하게 된 때
2. 社會福祉法人 또는 非營利法人이 設置・운영하는 施設의 경우 그 社會福祉法人 또는 非營利法人의 設立許可가 取消된 때
3. 設置目的의 달성 기타의 사유로 계속하여 운영될 필요가 없다고 인정할 때
3의 2. 會計不正이나 不法行爲 기타 부당행위 등이 발견된 때
4. 제34조 제2항에 따른 신고를 하지 아니하고 시설을 설치・운영한 때
5. 제36조 제1항에 따른 운영위원회를 설치 또는 운영하지 아니한 때
6. 정당한 이유 없이 제51조 제1항에 따른 보고 또는 자료제출을

하지 아니하거나 거짓으로 한 때

7. 정당한 이유 없이 제51조 제1항에 따른 검사·질문을 거부·방해하거나 기피한 때

② 第38條 第3項의 規定은 第1項의 規定에 의한 사업의 정지 및 施設의 閉鎖命令을 받은 경우에 이를 準用한다.<신설 1999.4.30.>

③ 제1항의 규정에 의한 행정처분의 세부적인 기준은 그 위반행위의 유형과 위반의 정도 등을 참작하여 보건복지가족부령으로 정한다.<신설 2003.7.30, 2008.2.29.>

第41條 (施設收容人員의 제한) 각각의 施設은 그 收容人員이 300人을 초과할 수 없다. 다만, 大統領令으로 정하는 경우에는 그러하지 아니하다.

제3장의 2 재가복지<신설 2003.7.30.>

제41조의 2 (재가복지서비스) ① 국가 또는 지방자치단체는 보호대상자가 다음 각 호의 1에 해당하는 재가복지서비스를 제공받도록 할 수 있다.

1. 가정봉사서비스: 가사 및 개인활동을 지원하거나 정서활동을 지원하는 서비스

2. 주간·단기보호서비스: 주간·단기보호시설에서 급식 및 치료 등 일상생활의 편의를 낮 동안 또는 단기간 동안 제공하거나 가족에 대한 교육 및 상담을 지원하는 서비스

② 시장·군수·구청장은 제33조의 5의 규정에 의한 보호대상자별

보호계획에 따라 보호대상자에게 사회복지서비스를 제공하는 경우 시설에의 입소에 우선하여 제1항 각 호의 재가복지서비스를 제공하도록 하여야 한다.

[본조신설 2003.7.30.]

제41조의 3 (보호대상자의 보호자에 대한 지원) 국가 또는 지방자치단체는 제33조의 4의 규정에 의하여 보호가 결정된 보호대상자를 자신의 가정에서 돌보는 자에게 보건복지가족부령이 정하는 바에 의하여 그 보호자의 부담을 경감하기 위한 상담을 실시하거나 금전적 지원 등을 할 수 있다.<개정 2008.2.29.>

[본조신설 2003.7.30.]

제41조의 4 (가정봉사원의 양성) 국가 또는 지방자치단체는 재가복지서비스를 필요로 하는 가정 또는 시설에서 보호대상자가 일상생활을 영위하기 위하여 필요한 각종 편의를 제공하는 가정봉사원을 양성하도록 노력하여야 한다.

[본조신설 2003.7.30.]

第4章 補則

第42條 (補助金 등) ① 國家 또는 地方自治團體는 社會福祉事業을 수행하는 者 중 大統領令이 정하는 者에 대하여 필요한 費用의 전부 또는 일부를 보조할 수 있다.<개정 1999.4.30.>

② 第1項의 規定에 의한 補助金은 그 目的 외의 用途에 사용할 수 없다.

③ 國家 또는 地方自治團體는 第1項의 規定에 의하여 補助金을 받은 者가 다음 各號의 1에 해당할 때에는 이미 교부한 補助金의 전부 또는 일부의 반환을 명할 수 있다.

1. 詐僞 기타 부정한 방법으로 補助金의 교부를 받은 때
2. 事業目的 외의 用途에 補助金을 사용한 때
3. 이 法 또는 이 法에 의한 命令에 위반한 때

제42조의 2 (국·공유재산의 우선매각) 국가 또는 지방자치단체는 사회복지사업과 관련한 시설을 설치하거나 사업을 육성하기 위하여 필요하다고 인정하는 경우에는 「국유재산법」과 「공유재산 및 물품관리법」에도 불구하고 사회복지법인 또는 사회복지시설에 국·공유재산을 우선 매각하거나 임대할 수 있다.
[본조신설 2007.12.14.]

제42조의 3 (지방자치단체에 대한 지원금) ① 보건복지가족부장관은 시·도지사 및 시장·군수·구청장에게 사회복지사업의 수행에 필요한 비용을 지원할 수 있다.<개정 2008.2.29.>
② 보건복지가족부장관은 제15조의 6에 따른 평가결과를 반영하여 제1항에 따른 지원을 할 수 있다.<개정 2008.2.29.>
③ 제1항에 따른 지원금의 지급기준·지급방법 등에 관하여 필요한 사항은 보건복지가족부령으로 정한다.<개정 2008.2.29.>
[본조신설 2007.12.14.]

第43條 (施設의 評價) ① 보건복지가족부장관 및 市·道知事는 보

건복지가족부령이 정하는 바에 따라 施設을 定期的으로 평가하며, 이를 施設의 監督, 지원 등에 반영하거나 施設居住者를 다른 施設로 보내는 등의 措置를 할 수 있다.<개정 1999.4.30, 2003.7.30, 2008.2.29.>

② 보건복지가족부장관 또는 市·道知事는 第1項의 評價結果에 따라 施設居住者를 다른 施設로 보내는 경우에는 第38條 第3項의 措置를 하여야 한다.<신설 1999.4.30, 2008.2.29.>

第44條 (費用의 徵收) ① 이 法에 의한 福祉措置에 필요한 費用을 부담한 地方自治團體의 長 기타 施設을 운영하는 者는 그 惠澤을 받은 本人 또는 그 부양의무자로부터 大統領令이 정하는 바에 의하여 그가 부담한 費用의 전부 또는 일부를 徵收할 수 있다.<개정 2003.7.30.>

② 삭제<1999.4.30.>

第45條 (後援金의 관리) ① 社會福祉法人의 代表理事와 施設의 長은 아무런 對價없이 無償으로 받은 金品 기타의 資産(이하 '後援金'이라 한다)의 收入·支出 내용과 관리에 명확성이 확보되도록 하여야 한다.

② 第1項의 規定에 의한 後援金에 관한 領收證交付, 收入 및 사용결과 보고 등 기타 後援金管理에 필요한 사항은 보건복지가족부령으로 정한다.<개정 2008.2.29.>

第46條 (韓國社會福祉士協會) ① 社會福祉士는 社會福祉에 관한 專門知識과 技術을 開發·普及하고 社會福祉士의 資質向上을 위한 教育訓練 및 社會福祉士의 福祉增進을 도모하기 위하여 韓國社會福祉

士協會(이하 '協會'라 한다)를 設立한다.<개정 2000.1.12.>

② 第1項의 規定에 의한 協會는 法人으로 하되, 協會의 組織과 운영 등에 관하여 필요한 사항은 大統領令으로 정한다.

③ 協會에 관하여 이 法에 規定된 것을 제외하고는 民法 중 社團法人에 관한 規定을 準用한다.

第47條 (秘密漏泄의 금지) 社會福祉事業 또는 社會福祉業務에 종사하였거나 종사하고 있는 者는 그 업무수행의 과정에서 알게 된 다른 사람의 秘密을 누설하여서는 아니 된다.

第48條 (押留禁止) 이 法 및 제2조 제1호 각 목의 법률에 의하여 지급된 金品과 이를 받을 權利는 押留하지 못한다.<개정 2003.7.30.>

第49條 (청문) 보건복지가족부장관, 市·道知事 또는 市長·郡守·區廳長이 第26條 또는 第40條의 規定에 의한 許可의 取消 또는 施設의 閉鎖를 하고자 할 때에는 청문을 하여야 한다.<개정 1999.4.30, 2008.2.29.>

第50條 (褒賞) 政府는 社會福祉事業에 관하여 功勞가 현저하거나 模範이 되는 者에 대하여 褒賞을 할 수 있다.

第51條 (指導·監督 등) ① 보건복지가족부장관, 市·道知事 또는 市長·郡守·區廳長은 社會福祉事業을 운영하는 者에 대한 所管業務에 관하여 指導·監督을 하며, 필요한 경우 그 業務에 관하여 보고 또는 關係書類의 제출을 명하거나, 所屬公務員으로 하여금 法人의 事

務所 또는 施設에 出入하여 檢査 또는 質問하게 할 수 있다.<개정 2008.2.29.>

② 法人의 主된 事務所의 所在地와 施設의 所在地가 동일한 市·道 또는 市·郡·區에 있지 아니한 경우 당해 施設의 業務에 관해 서는 施設所在地의 市·道知事 또는 市長·郡守·區廳長이 지도·감독 등을 행한다. 이 경우 지도·감독 등을 위하여 필요한 때에는 法人의 業務에 대하여 法人의 主된 事務所 所在地의 市·道知事 또는 市長·郡守·區廳長에 대하여 협조를 요청할 수 있다.<신설 1999.4.30, 2007.12.14.>

③ 제2항에 따른 지도·감독 등에 관하여 따로 지방자치단체 간에 협약을 체결한 경우에는 제2항에도 불구하고 협약에서 정한 시·도지사 또는 시장·군수·구청장이 지도·감독 등의 업무 를 수행한다.<신설 2007.12.14.>

④ 第1項의 規定에 의하여 檢査 또는 質問을 하는 關係公務員은 그 權限을 표시하는 證票를 지니고 이를 관계인에게 내보여 야 한다.

第52條 (權限의 위임 또는 委託) ① 이 法에 의한 보건복지가족부 장관 또는 市·道知事의 權限은 그 일부를 大統領令이 정하는 바에 의하여 市·道知事 또는 市長·郡守·區廳長에게 위임할 수 있다. <개정 2008.2.29.>

② 보건복지가족부장관은 이 法에 의한 業務의 일부를 大統領令이 정하는 바에 따라 社會福祉 關聯機關이나 團體에 委託할 수 있 다.<개정 2008.2.29.>

第5章 罰則

第53條 (罰則) 다음 各號의 1에 해당하는 者는 5年 이하의 懲役 또
는 1,500萬 원 이하의 罰金에 처한다.

1. 第23條 第3項의 規定에 위반한 者
2. 第42條 第2項의 規定에 위반한 者

第54條 (罰則) 다음 各號의 1에 해당하는 者는 1年 이하의 懲役 또
는 300萬 원 이하의 罰金에 처한다.<개정 1999.4.30.>

1. 第6條 第1項의 規定에 위반한 者
2. 第28條 第2項의 規定에 위반한 者
3. 第34條 第2項의 規定에 의한 申告를 하지 아니하고 施設을 設
   置·운영한 者
4. 정당한 이유 없이 第38條 第3項(第40條 第2項에서 準用하는 경
   우를 포함한다)의 規定에 의한 施設居住者 權益 保護措置를 기
   피 또는 거부한 者
5. 정당한 이유 없이 第40條 第1項의 規定에 의한 命令을 이행하지
   아니한 者
6. 第47條의 規定에 위반한 者
7. 정당한 이유 없이 第51條 第1項의 規定에 의한 보고를 하지 아
   니하거나 허위의 보고를 한 者, 資料를 제출하지 아니하거나 허
   위의 資料를 제출한 者, 檢査·質問을 거부·방해 또는 기피한 者

第55條 (罰則) 第13條의 規定에 위반한 者는 300萬 원 이하의 罰金

에 처한다.<개정 1999.4.30.>

第56條 (兩罰規定) 法人의 代表者 또는 法人이나 개인의 代理人・使
用人 기타 從業員이 그 法人 또는 개인의 業務에 관하여 第53條 내지
第55條의 위반행위를 한 때에는 行爲者를 罰하는 외에 그 法人 또는
개인에 대해서도 각 해당 條의 罰金刑을 科한다.

第57條 (罰則適用에 있어서의 公務員 擬制) 第12條 第1項 또는 第
52條 第2項의 規定에 의하여 委託받은 업무를 수행하는 社會福祉關
聯機關・團體의 任・職員은 刑法 第129條 내지 第132條의 적용에 있
어서는 이를 公務員으로 본다.

第58條 (過怠料) ① 제13조 제2항 단서・제3항, 제18조 제5항, 第24
條, 第31條, 第34條의 2, 第34條의 3, 第37條 第38條 第1項・第2項 또
는 第45條의 規定에 위반한 者는 300萬 원 이하의 過怠料에 처한다.
<개정 1999.4.30, 2000.1.12, 2007.12.14.><시행일 2009.1.1.>

② 第1項의 規定에 의한 過怠料는 大統領令이 정하는 바에 의하여
보건복지가족부장관, 市・道知事 또는 市長・郡守・區廳長이 賦
課・徵收한다.<개정 2008.2.29.>

③ 第2項의 規定에 의한 過怠料處分에 불복이 있는 者는 그 처분
의 告知를 받은 날부터 30日 이내에 보건복지가족부장관, 市・道
知事 또는 市長・郡守・區廳長에게 異議를 제기할 수 있다.<개정
2008.2.29.>

④ 第2項의 規定에 의하여 過怠料處分을 받은 者가 第3項의 規定
   에 의하여 異議를 제기한 때에는 보건복지가족부장관, 市·道
   知事 또는 市長·郡守·區廳長은 지체 없이 管轄法院에 그 사
   실을 통보하여야 하며, 그 통보를 받은 管轄法院은 非訟事件節
   次法에 의한 過怠料의 裁判을 한다.<개정 2008.2.29.>
⑤ 第3項의 規定에 의한 기간 내에 異議를 제기하지 아니하고 過
   怠料를 납부하지 아니한 때에는 國稅 또는 地方稅 滯納處分의
   예에 의하여 이를 徵收한다.

附則<제5358호, 1997.8.22.>

第1條 (施行日) 이 法은 1998年 7月 1日부터 施行한다. 다만, 第11
條 第3項 및 第12條의 改正規定은 2003年 1月 1日부터 施行한다.

第2條 (社會福祉士에 대한 經過措置) ① 이 法 施行 당시 종전의 規
定에 의하여 社會福祉士 資格證을 교부받은 者는 이 法에 의하여 資
格證을 교부받은 者로 본다.
② 第11條 第3項의 改正規定에 불구하고 다음 各號의 1에 해당되
   는 者는 종전의 規定에 의하여 社會福祉士 1級 資格證을 교부
   받을 수 있다.
1. 이 法 施行 당시 종전의 規定에 의하여 社會福祉士 2級, 3級의
   資格證을 교부받은 者
2. 이 法 施行 당시 종전의 規定에 의하여 社會福祉士 1級 資格基
   準에 해당되는 學校에 在學 중인 者

3. 2003年 1月 1日 현재 종전의 規定에 의하여 社會福祉士 1級 資格基準에 해당하는 碩士 또는 博士學位를 취득한 者

第3條 (法人, 施設에 관한 經過措置) 이 法 施行 당시 종전의 規定에 의하여 設立 또는 設置된 社會福祉法人과 施設은 이 法에 의하여 設立 또는 設置된 것으로 본다.

第4條 (任員에 관한 經過措置) 이 法 施行 전에 종전의 規定에 의하여 選任된 社會福祉法人의 任員이 第19條 내지 第21條의 改正規定에 적합하지 아니한 경우에는 종전의 規定에 의한다.

第5條 (韓國社會福祉協議會에 대한 經過措置) 中央協議會는 第33條의 改正規定에 따라 定款을 변경하여 이 法 施行日부터 6月 이내에 保健福祉部長官의 認可를 받아야 한다.

第6條 (市·道協議會의 設立準備) ① 이 法 施行 당시 종전의 社會福祉事業關係法令에 의한 地方社會福祉協議會는 이 法 施行日부터 6月 이내에 5人 이내의 準備委員을 위촉하여 이 法에 의한 市·道協議會의 設立準備業務를 처리하게 하여야 한다.
② 第1項의 規定에 의한 地方社會福祉協議會는 市·道協議會의 定款을 작성하고 관할 市·道知事의 社會福祉法人 設立許可를 받아야 한다.
③ 市·道知事는 이 法에 의한 市·道協議會의 設立에 필요한 協調要請을 받은 때에는 특별한 사유가 없는 한 이에 응하여야 한다.

④ 第1項의 規定에 의한 準備委員은 第2項의 規定에 의한 社會福祉法人設立許可를 받은 때에는 解囑된 것으로 본다.

第7條 (韓國社會福祉士協會에 관한 經過措置) ① 이 法 施行 당시 社團法人 韓國社會福祉士協會는 이 法에 의하여 設立된 韓國社會福祉士協會로 본다.

② 韓國社會福祉士協會는 이 法 施行日부터 6月 이내에 이 法에 의한 定款을 작성하여 保健福祉部長官의 認可를 받아야 한다.

第8條 (施設收用人員의 제한에 관한 經過措置) 이 法 施行 당시의 施設과 施設의 設置를 위한 許可를 申請한 施設에 대해서는 第41條의 改正規定을 적용하지 아니한다.

第9條 (다른 法律의 改正 등) ① 兒童福祉法 중 다음과 같이 改正한다.
第20條 第2項 중 '道知事의 認可를 받아'를 '道知事에게 申告하고'로 한다.
第26條의 題目 중 '認可取消와'를 削除하고, 同條 第1項 第4號 중 '認可 또는'을 削除하며, 同條 第1項 第5號 중 '(第20條 第3項의 規定에 의하여 申告된 施設에 한한다)'를 削除한다.
第35條 第2號 중 '認可를 받지 아니하거나'를 削除하고, 同條 第4號 중 '認可의 取消·'를 削除한다.
② 障碍人福祉法 중 다음과 같이 改正한다.
第38條 第2項 중 '市·道知事의 許可를 받아'를 '市·道知事에게 申告하고'로 하고, 同條 第3項 중 '設置許可에'를 '設置申告에'로 한다.

第42條의 題目 ‘(許可取消 등)’을 ‘(施設閉鎖 등)’으로 하고, 同條 本文 중 ‘第38條 第2項의 規定에 의한 許可를 取消할 수 있다’를 ‘施設을 閉鎖할 수 있다’로 한다.

第56條 第1號 중 ‘許可를 받지’를 ‘申告를 하지’로 한다.

③ 母子福祉法 중 다음과 같이 改正한다.

第20條 第2項 중 ‘市・道知事의 許可를 받아’를 ‘市・道知事에게 申告하고’로 하고, 同條 第3項 중 ‘設置許可에’를 ‘設置申告에’로 한다.

第24條의 題目 ‘(認可의 取消 등)’을 ‘(施設閉鎖 등)’으로 하고, 同條 本文 중 ‘第20條 第2項의 規定에 의한 許可를 取消할 수 있다’를 ‘施設을 閉鎖할 수 있다’로 한다.

第29條 第1項 第1號 중 ‘許可를 받지’를 ‘申告를 하지’로 한다.

④ 영유아보육법 중 다음과 같이 改正한다.

第7條 第2項 중 ‘市長・郡守의 認可를 받아’를 ‘市長・郡守에게 申告를 하고’로 하고, 同條 第3項 중 ‘市長・郡守의 認可를 받아’를 ‘市長・郡守에게 申告를 하고’로 하며, 同條 第5項 중 ‘設置認可 및’을 削除한다.

第12條의 題目 ‘(認可의 取消 등)’을 ‘(施設의 閉鎖 등)’으로 하고 同條 本文 중 ‘第7條 第2項 및 第3項에 의한 認可를 取消할 수 있다’를 ‘施設을 閉鎖할 수 있다’로 한다.

第31條 第1號 중 ‘認可를 받지’를 ‘申告를 하지’로 하고, 同條 第3號 중 ‘認可의 취소’를 ‘施設의 閉鎖’로 한다.

⑤ 淪落行爲 등 防止法 중 다음과 같이 改正한다.

第12條 第2項 중 ‘區廳長(自治區의 區廳長에 한한다. 이하 같다)의 許可를 받아’를 ‘區廳長(自治區의 區廳長에 한한다. 이하 같다)에게

申告하고'로 하며, 同條 第3項 중 '許可'를 '申告'로 한다.

第18條의 題目 '(許可의 取消 등)'을 '(施設의 閉鎖 등)'으로 하고, 同條 第1項 本文 중 '許可를 取消할 수 있다'를 '施設을 閉鎖할 수 있다'로 한다.

第26條 第1項 第1號 중 '許可를 받지'를 '申告를 하지'로 한다.

⑥ 精神保健法 중 다음과 같이 改正한다.

第15條 第2項 중 '市·道知事의 許可를 받아'를 '市·道知事에게 開設申告를 하고'로 한다.

第19條의 題目'(設置許可의 取消 등)'을 '(施設設置의 閉鎖 등)'으로 하고, 同條 第1項 중 '施設設置를 取消하거나'를 '施設을 閉鎖하거나'로 하고, 同條 第3項 중 '許可를'을 '施設의 閉鎖 및 許可를'로 한다.

第58條 第1號 중 '許可를 받지'를 '申告를 하지'로 한다.

法律 第5133號 精神保健法 附則 第3條 第1項 중 '精神療養病院 또는 社會復歸施設의 許可를 받아야 한다'를 '精神療養病院의 許可를 받거나 社會復歸施設의 開設申告를 하여야 한다'로 하고, 同條 第3項 중 '精神療養病院 또는 社會復歸施設의 許可를 받은'을 '精神療養病院의 許可를 받거나 社會復歸施設의 開設申告를 한'으로 하며, 同條 第4項 중 '精神療養病院 또는 社會復歸施設의 許可를 받기'를 '精神療養病院의 許可 또는 社會復歸施設의 開設申告를 하기'로 한다.

⑦ 性暴力犯罪의 處罰 및 被害者保護 등에 관한 法律 중 다음과 같이 改正한다.

第25條 第2項 중 '市·道知事의 許可를 받아'를 '市·道知事에게 申告하고'로 하고, 同條 第3項 중 '許可'를 '申告'로 한다.

第29條의 題目 '(許可의 取消 등)'을 '(施設의 閉鎖 등)'으로 하고,

同條 本文 중 '許可를 取消할 수 있다'를 '施設을 閉鎖할 수 있다'로 한다.

　第35條 第2號 중 '許可의 取消'를 '施設의 閉鎖'로 한다.

　⑧ 이 法 施行 당시 다른 法令에서 社會福祉事業法의 規定을 인용하고 있는 경우 이 法 중 그에 관한 規定이 있는 때에는 이 法의 해당 規定을 인용한 것으로 본다.

　附則〈제5979호, 1999.4.30.〉

　第1條 (施行日) 이 法은 公布 후 6月이 경과한 날부터 施行한다. 다만 第2條 第1項 第14號의 改正規定은 公布한 날부터 施行한다.

　第2條 (일반적 經過措置) ① 이 法 施行 전에 종전의 規定에 의하여 市·道知事가 행한 許可·認可·取消는 이 法에 의하여 保健福祉部長官이 행한 것으로 본다.

　② 이 法 施行 전에 종전의 規定에 의하여 市·道知事에 대하여 행한 許可 및 認可申請에 관해서는 이 法의 改正規定에 불구하고 종전의 規定에 의한다.

　第3條 (補闕任員의 任期에 관한 經過措置) 이 法 施行 당시 종전의 規定에 의하여 就任한 補闕任員의 任期는 第18條 第3項 但書의 改正規定에 불구하고 종전의 規定에 의한 補闕任員의 任期滿了日까지로 한다.

第4條 (任員의 就任承認 申請에 관한 經過措置) 이 法 施行 당시 종전의 規定에 의하여 任員의 就任承認을 申請한 경우에는 第18條 第5項의 改正規定에 의하여 任員의 選任을 보고한 것으로 본다.

第5條 (任員의 缺格事由에 관한 經過措置) 이 法 施行 당시 任員의 就任承認이 取消된 날부터 5年이 경과되지 아니한 者는 第19條 第1項 第2號의 改正規定에 불구하고 종전의 規定에 의한다.

第6條 (罰則 등에 관한 經過措置) 이 法 施行 전의 행위에 대한 罰則 및 過怠料의 적용에 있어서는 종전의 規定에 의한다.

부칙〈제6160호, 2000.1.12.〉

이 法은 公布 後 6月이 경과한 날부터 施行한다. 다만, 第34條의 2의 改正規定은 公布 後 3年이 경과한 날부터 施行한다.

부칙(일제하 일본군위안부피해자에 대한 생활안정지원 및 기념사업 등에 관한 법률)〈제6771호, 2002.12.11.〉

① (시행일) 이 법은 공포 後 6月이 경과한 날부터 시행한다.
② 생략
③ (다른 법률의 개정) 社會福祉事業法 중 다음과 같이 개정한다.

제2조 제1항 제11호를 다음과 같이 한다.

11. 일제하 일본군위안부피해자 생활안정 및 기념사업 등에 관한 법률

부칙(모·부자복지법)〈제6801호, 2002.12.18〉

제1조 (시행일) 이 법은 공포 후 6월이 경과한 날부터 시행한다.

제2조 내지 제6조 생략

제7조 (다른 법률의 개정) ① 및 ② 생략
③ 社會福祉事業法 중 다음과 같이 개정한다.

제2조 제1항 제5호를 다음과 같이 한다.
5. 모·부자복지법</PRE>
④ 내지 ⑥ 생략

부칙〈제6960호, 2003.7.30.〉

① (시행일) 이 법은 공포 후 1년이 경과한 날부터 시행한다. 다만,
제7조, 제7조의 2, 제15조의 3 내지 제15조의 6, 제33조의 5의 개
정규정은 2년이 경과한 날부터 시행한다.
② (임원의 임기에 관한 경과조치) 이 법 시행 당시 종전의 규정에
의하여 선임된 임원은 제18조 제2항의 개정규정에 불구하고 그
임원의 임기만료일까지 재임할 수 있다.

부칙(농어촌주민의 보건복지증진을 위한 특별법)〈제7151호, 2004.1.29.〉

① (시행일) 이 법은 공포 후 3월이 경과한 날부터 시행한다.
② (다른 법률의 개정) 사회복지사업법 중 다음과 같이 개정한다.

제2조 제1호에 거목을 다음과 같이 신설한다.
거. 농어촌주민의 보건복지증진을 위한 특별법</PRE>

부칙(성매매방지 및 피해자보호 등에 관한 법률)〈제7212호, 2004.3.22.〉

제1조 (시행일) 이 법은 공포 후 6월이 경과한 날부터 시행한다.

제2조 및 제3조 생략

제4조 (다른 법률의 개정 등) ① 사회복지사업법 중 다음과 같이 개정한다.

제2조 제1호 사목을 다음과 같이 한다.
사. 성매매방지 및 피해자보호 등에 관한 법률</PRE>
② 내지 ④ 생략

부칙(채무자 회생 및 파산에 관한 법률)〈제7428호, 2005.3.31.〉

제1조 (시행일) 이 법은 공포 후 1년이 경과한 날부터 시행한다.

제2조 내지 제4조 생략

제5조 (다른 법률의 개정) ① 내지 <52> 생략
<53> 社會福祉事業法 일부를 다음과 같이 개정한다.

제7조 제3항 제3호 중 '破産者'를 '파산선고를 받은 자'로 한다.
<54> 내지 <145> 생략

제6조 생략

부칙〈제7587호, 2005.7.13.〉

이 법은 공포 후 1월이 경과한 날부터 시행한다.

부칙(식품기부 활성화에 관한 법률)〈제7918호, 2006.3.24.〉

① (시행일) 이 법은 공포 후 6개월이 경과한 날부터 시행한다.
② 생략
③ (다른 법률의 개정) 사회복지사업법 일부를 다음과 같이 개정한다.

제2조 제1호에 너목을 다음과 같이 신설한다.
너. 「식품기부 활성화에 관한 법률」</PRE>

부칙(모·부자복지법)〈제8655호, 2007.10.17.〉

제1조 (시행일) 이 법은 공포 후 3개월이 경과한 날부터 시행한다.<단서 생략>

제2조부터 제5조까지 생략

제6조 (다른 법률의 개정) ①부터 ④까지 생략
⑤ 사회복지사업법 일부를 다음과 같이 개정한다.

제2조 제1호 마목을 다음과 같이 한다.
마. 「한부모가족지원법」</PRE>
⑥부터 ⑬까지 생략
제7조 생략

부칙〈제8691호, 2007.12.14.〉

제1조 (시행일) 이 법은 공포한 날부터 시행한다. 다만, 제42조의 3의 개정규정은 2008년 1월 1일부터 시행하고, 제13조 및 제58조 제1항의 개정규정은 2009년 1월 1일부터 시행한다.

제2조 (국가시험 응시수수료에 관한 적용례) 제12조 제3항의 개정규정은 이 법 시행 후 최초로 실시되는 국가시험부터 적용한다.

제3조 (실무협의체에 대한 경과조치) 이 법 시행 당시 제7조의 2 제3항에 따른 실무협의체를 두지 아니한 시·군·구는 이 법 시행일부터 3개월 이내에 실무협의체를 두어야 한다.

제4조 (복지위원에 대한 경과조치) 이 법 시행 당시 제8조에 따른 복지위원을 위촉하지 아니한 시장·군수·구청장은 이 법 시행일부터 3개월 이내에 복지위원을 위촉하여야 한다.

제5조 (사회복지시설 업무의 지도·감독 협약에 관한 경과조치) 이 법 시행 전에 사회복지시설의 업무에 대한 지도·감독 등을 행하기 위하여 지방자치단체 간에 체결한 협약은 제51조 제3항의 개정규정에 따라 체결한 것으로 본다.

부칙(정부조직법)〈제8852호, 2008.2.29.〉

제1조 (시행일) 이 법은 공포한 날부터 시행한다. 다만, 제31조 제1항의 개정규정 중 '식품산업진흥'에 관한 부분은 2008년 6월 28일부터 시행하고, 부칙 제6조에 따라 개정되는 법률 중 이 법의 시행 전에 공포되었으나 시행일이 도래하지 아니한 법률을 개정한 부분은 각각 해당 법률의 시행일부터 시행한다.

제2조부터 제5조까지 생략

제6조 (다른 법률의 개정) ①부터 〈467〉까지 생략

<468> 사회복지사업법 일부를 다음과 같이 개정한다.

제7조 제4항, 제7조의 2 제4항, 제15조의 3 제4항, 제15조의 5 제1항, 제33조의 2 제3항, 제33조의 5 제3항, 제33조의 7 제3항, 제34조 제6항, 제40조 제3항, 제41조의 3 및 제42조의 3 제3항 중 '보건복지부령'을 각각 '보건복지가족부령'으로 한다.

제8조 제3항, 제10조 제2항, 제11조 제4항, 제17조 제2항 단서, 제18조 제5항, 제20조 제3항, 제23조 제2항·제3항 각 호 외의 부분 단서·제2호 및 제4항, 제34조 제2항 본문 및 제4항, 제36조 제2항, 제37조, 제38조 제2항 및 제3항, 제43조 제1항 및 제45조 제2항 중 '保健福祉部令'을 각각 '보건복지가족부령'으로 한다.

제10조 제1항, 제11조 제4항, 제12조 제1항 및 제2항, 제16조 제1항, 제17조 제2항 본문, 제18조 제5항 및 제6항, 제20조 제2항, 제22조 각 호 외의 부분, 제1호 및 제3호, 제23조 제3항 각 호 외의 부분 본문, 제24조 후단, 제26조 제1항 각 호 외의 부분 본문, 제30조 제1항, 제40조 제1항 각 호 외의 부분, 제43조 제1항 및 제2항, 제49조, 제51조 제1항, 제52조 제1항 및 제2항, 제58조 제2항부터 제4항까지 중 '保健福祉部長官'을 각각 '보건복지가족부장관'으로 한다.

제11조 제1항, 제12조 제3항, 제15조의 3 제2항 전단 및 제4항, 제15조의 6 제1항 및 제2항, 제33조의 6 제2항, 제42조의 3 제1항 및 제2항 중 '보건복지부장관'을 각각 '보건복지가족부장관'으로 한다.

<469>부터 <760>까지 생략

부록 #6. 사회복지사 윤리강령

1973.2. 윤리강령 초안제정 결의
1988.3. 사회복지사 윤리강령 제정 공포
1992.10. 제1차 사회복지사 윤리강령 개정
2001.12. 제2차 사회복지사 윤리강령 개정

  사회복지사는 인본주의·평등주의 사상에 기초하여, 모든 인간의 존엄성과 가치를 존중하고 천부의 자유권과 생존권의 보장활동에 헌신한다. 특히 사회적·경제적 약자들의 편에 서서 사회정의와 평등·자유와 민주주의 가치를 실현하는 데 앞장선다. 또한 도움을 필요로 하는 사람들의 사회적 지위와 기능을 향상시키기 위해 저들과 함께 일하며, 사회제도 개선과 관련된 제반 활동에 주도적으로 참여한다. 사회복지사는 개인의 주체성과 자기결정권을 보장하는 데 최선을 다하고, 어떠한 여건에서도 개인이 부당하게 희생되는 일이 없도록 한다. 이러한 사명을 실천하기 위하여 전문적 지식과 기술을 개발하고, 사회적 가치를 실현하는 전문가로서의 능력과 품위를 유지하기 위해 노력한다. 이에 우리는 클라이언트·동료·기관 그리고, 지역사회 및 전체사회와 관련된 사회복지사의 행위와 활동을 판단·평가하며 인도하는 윤리기준을 다음과 같이 선언하고 이를 준수할 것을 다짐한다.

Ⅰ. 사회복지사의 기본적 윤리기준

1. 전문가로서의 자세

1) 사회복지사는 전문가로서의 품위와 자질을 유지하고, 자신이 맡고 있는 업무에 대해 책임을 진다.
2) 사회복지사는 클라이언트의 종교·인종·성·연령·국적·결혼상태·성취향·경제적 지위·정치적 신념·정신, 신체적 장애·기타 개인적 선호, 특징, 조건, 지위를 이유로 차별 대우를 하지 않는다.
3) 사회복지사는 전문가로서 성실하고 공정하게 업무를 수행하며, 이 과정에서 어떠한 부당한 압력에도 타협하지 않는다.
4) 사회복지사는 사회정의 실현과 클라이언트의 복지 증진에 헌신하며, 이를 위한 환경 조성을 국가와 사회에 요구해야 한다.
5) 사회복지사는 전문적 가치와 판단에 따라 업무를 수행함에 있어, 기관 내외로부터 부당한 간섭이나 압력을 받지 않는다.
6) 사회복지사는 자신의 이익을 위해 사회복지 전문직의 가치와 권위를 훼손해서는 안 된다.
7) 사회복지사는 한국사회복지사협회 등 전문가단체 활동에 적극 참여하여, 사회정의 실현과 사회 복지사의 권익옹호를 위해 노력해야 한다.

2. 전문성 개발을 위한 노력

1) 사회복지사는 클라이언트에게 최상의 서비스를 제공하기 위해, 지식과 기술을 개발하는 데 최선을 다하며 이를 활용하고 전파할 책임이 있다.

2) 클라이언트를 대상으로 연구하는 사회복지사는 저들의 권리를 보장하기 위해, 자발적이고 고지된 동의를 얻어야 한다.

3) 연구과정에서 얻은 정보는 비밀보장의 원칙에서 다루어져야 하고, 이 과정에서 클라이언트는 신체적·정신적 불편이나 위험·위해 등으로부터 보호되어야 한다.

4) 사회복지사는 전문성을 개발하기 위해 노력하되, 이를 이유로 서비스의 제공을 소홀히 해서는 안 된다.

5) 사회복지사는 한국사회복지사협회 등이 실시하는 제반 교육에 적극 참여하여야 한다.

3. 경제적 이득에 대한 태도

1) 사회복지사는 클라이언트의 지불능력에 상관없이 서비스를 제공해야 하며, 이를 이유로 차별대우를 해서는 안 된다.

2) 사회복지사는 필요한 경우에 제공된 서비스에 대해, 공정하고 합리적으로 이용료를 책정해야 한다.

3) 사회복지사는 업무와 관련하여 정당하지 않은 방법으로 경제적 이득을 취하여서는 안 된다.

II. 사회복지사의 클라이언트에 대한 윤리기준

1. 클라이언트와의 관계

1) 사회복지사는 클라이언트의 권익옹호를 최우선의 가치로 삼고 행동한다.
2) 사회복지사는 클라이언트에 대하여 인간으로서의 존엄성을 존중해야 하며, 전문적 기술과 능력 을 최대한 발휘한다.
3) 사회복지사는 클라이언트가 자기결정권을 최대한 행사할 수 있도록 도와야 하며, 저들의 이익 을 최대한 대변해야 한다.
4) 사회복지사는 클라이언트의 사생활을 존중하고 보호하며, 직무수행과정에서 얻은 정보에 대해 철저하게 비밀을 유지해야 한다.
5) 사회복지사는 클라이언트가 받는 서비스의 범위와 내용에 대해, 정화하고 충분한 정보를 제공함으로써 알 권리를 인징하고 존중해야 한다.
6) 사회복지사는 문서·사진·컴퓨터 파일 등의 형태로 된 클라이언트의 정보에 대해 비밀보장의 한계·정보를 얻어야 하는 목적 및 활용에 대해 구체적으로 알려야 하며, 정보 공개 시에는 동의를 얻어야 한다.
7) 사회복지사는 개인적 이익을 위해 클라이언트와의 전문적 관계를 이용하여서는 안 된다.
8) 사회복지사는 어떠한 상황에서도 클라이언트와 부적절한 성적 관계를 가져서는 안 된다.
9) 사회복지사는 사회복지증진을 위한 환경 조성에 클라이언트를 동반자로 인정하고 함께 일해야 한다.

2. 동료의 클라이언트와의 관계

1) 사회복지사는 적법하고도 적절한 논의 없이 동료 혹은 다른 기관의 클라이언트와 전문적 관계를 맺어서는 안 된다.
2) 사회복지사는 긴급한 사정으로 인해 동료의 클라이언트를 맡게 된 경우, 자신의 의뢰인처럼 관심을 갖고 서비스를 제공한다.

Ⅲ. 사회복지사의 동료에 대한 윤리기준

1. 동료

1) 사회복지사는 존중과 신뢰로서 동료를 대하며, 전문가로서의 지위와 인격을 훼손하는 언행을 하지 않는다.
2) 사회복지사는 사회복지 전문직의 이익과 권익을 증진시키기 위해 동료와 협력해야 한다.
3) 사회복지사는 동료의 윤리적이고 전문적인 행위를 촉진시켜야 하며, 이에 반하는 경우에는 제반 법률규정이나 윤리기준에 따라 대처해야 한다.
4) 사회복지사가 전문적인 판단과 실천이 미흡하여 문제를 야기했을 때에는, 적절한 조치를 취하여 클라이언트의 이익을 보호해야 한다.
5) 사회복지사는 전문직 내 다른 구성원이 행한 비윤리적 행위에 대해, 제반 법률규정이나 윤리기준에 따라 조치를 취해야 한다.
6) 사회복지사는 동료 및 타 전문직 동료의 직무 가치와 내용을 인

정·이해하며, 상호 간에 민주적인 직무관계를 이루도록 노력해
야 한다.

2. 슈퍼바이저

1) 슈퍼바이저는 개인적인 이익의 추구를 위해 자신의 지위를 이용
해서는 안 된다.
2) 슈퍼바이저는 전문적 기준에 의해 공정하게 책임을 수행하며,
사회복지사·수련생 및 실습생에 대한 평가는 저들과 공유해
야 한다.
3) 사회복지사는 슈퍼바이저의 전문적 지도와 조언을 존중해야 하
며, 슈퍼바이저는 사회복지사의 전문적 업무수행을 도와야 한다.
4) 슈퍼바이저는 사회복지사·수련생 및 실습생에 대해 인격적·성
적으로 수치심을 주는 행위를 해서는 안 된다.

Ⅳ. 사회복지사의 사회에 대한 윤리기준

1) 사회복지사는 인권존중과 인간평등을 위해 헌신해야 하며, 사회
적 약자를 옹호하고 대변하는 일을 주도해야 한다.
2) 사회복지사는 필요한 사회서비스를 개발하기 위한 사회정책의
수립·발전·입법·집행에 적극적으로 참여하고 지원해야 한다.
3) 사회복지사는 사회환경을 개선하고 사회정의를 증진시키기
위한 사회정책의 수립·발전·입법·집행을 요구하고 옹호해
야 한다.

4) 사회복지사는 자신이 일하는 지역사회의 문제를 이해하고, 그것을 해결하는 일에 적극적으로 참여해야 한다.

Ⅴ. 사회복지사의 기관에 대한 윤리기준

1) 사회복지사는 기관의 정책과 사업 목표의 달성, 서비스의 효율성과 효과성의 증진을 위해 노력함으로써, 클라이언트에 이익이 되도록 해야 한다.
2) 사회복지사는 기관의 부당한 정책이나 요구에 대하여, 전문직의 가치와 지식을 근거로 이에 대응하고 즉시 사회복지윤리위원회에 보고해야 한다.
3) 사회복지사는 소속기관 활동에 적극 참여함으로써, 기관의 성장 발전을 위해 노력해야 한다.

Ⅵ. 사회복지윤리위원회의 구성과 운영

1) 한국사회복지사협회는 사회복지윤리위원회를 구성하여, 사회복지윤리실천의 질적인 향상을 도모하여야 한다.
2) 사회복지윤리위원회는 윤리강령을 위배하거나 침해하는 행위를 접수받아, 공식적인 절차를 통해 대처하여야 한다.
3) 사회복지사는 한국사회복지사협회의 윤리적 권고와 결정을 존중하여야 한다.

부록 #7. 청소년복지지원법/시행령/시행규칙

■ 청소년복지지원법

법률 제10297호 일부개정 2010.05.17.

제1장 총칙

제1조 (목적) 이 법은 청소년기본법 제49조 제4항의 규정에 따라 청소년복지 증진에 관한 사항을 정함을 목적으로 한다.

제2조 (정의) 이 법에서 사용하는 용어의 정의는 다음 각 호와 같다.

1. '청소년'이라 함은 따로 정한 규정이 없는 경우에는 청소년기본법 제3조 제1호*의 규정에 해당하는 자를 말한다.
   * '청소년'이라 함은 9세 이상 24세 이하의 자를 말한다. 다만, 다른 법률에서 청소년에 대한 적용을 달리할 필요가 있는 경우에는 따로 정할 수 있다.
   -아동복지법: '아동'이라 함은 18세 미만의 자를 말한다.

2. '청소년복지'라 함은 청소년기본법 제3조 제4호**에 규정된 청소년복지를 말한다.
   ** '청소년복지'라 함은 청소년이 정상적인 삶을 영위할 수 있는 기본적인 여건을 조성하고 조화롭게 성장·발달할 수 있도록 제공되는 사회적·경제적 지원을 말한다.

3. '특별지원청소년'이라 함은 청소년의 조화로운 성장과 정상적인 생활에 필요한 기초적인 여건이 미비하여 사회적·경제적 지원이 필요한 청소년을 말한다. 다만, 국민기초생활보장법 등 다른 법률의 적용을 받는 청소년을 제외한다.

4. '보호자'라 함은 친권자, 법정대리인 및 사실상 청소년을 보호하는 자를 말한다.

제2장 청소년의 인권보장 및 복지향상

제3조 (청소년의 인권보장) ① 청소년은 인종·종교·성·연령·학력·신체조건 등 여타의 조건에 의하여 이 법이 정한 규정을 적용함에 있어서 차별을 받아서는 아니 된다.

② 청소년은 외부적 영향에 구애받지 아니하면서 자기 의사를 자유롭게 표명하고 스스로 결정할 권리를 가진다.

제4조 (청소년의 자치권확대) ① 청소년은 사회의 정당한 구성원으로서 본인과 관련된 의사결정에 참여할 권리를 가진다. 이를 위하여 가정 및 사회는 적절한 노력을 강구하여야 한다.

② 국가 및 지방자치단체는 청소년이 원활하게 정보에 접근하고 그 의사를 표명할 수 있도록 하기 위하여 청소년 관련 정책의 자문·심의 등 절차에 청소년의 대표를 참여시키거나 그 의견을 수렴하여야 한다.

③ 국가 및 지방자치단체는 청소년과 관련된 정책수립절차에 청소년의 참여 또는 의견수렴을 보장하는 조치를 시행하여야 한다.

제5조 (교육 및 홍보) ① 국가 및 지방자치단체는 이 법 및 아동의 권리에 관한 협약에서 규정한 청소년의 권리와 관련된 내용을 널리 홍보하여야 한다.

② 제1항의 규정에 의하여 청소년 관련 기관·단체에서는 청소년을 대상으로 청소년의 권리에 관한 교육적 조치를 시행하여야 한다.

제6조 (청소년의 우대) ① 국가 또는 지방자치단체는 청소년에 대하여 국가 또는 지방자치단체가 운영하는 수송시설, 궁·능, 박물관, 공원, 공연장 등의 시설의 이용료를 면제 또는 할인할 수 있다.

② 국가 또는 지방자치단체는 다음 각 호의 1에 해당하는 자가 청소년의 일상생활에 관련된 시설을 운영하는 경우 청소년에 대하여 당해 시설의 이용료를 할인하여 주도록 권고할 수 있다.

1. 국가 또는 지방자치단체의 보조를 받는 자

2. 관계법령에 따라 세제상의 혜택을 받는 자

3. 국가 또는 지방자치단체로부터 위탁을 받아 업무를 수행하는 자

③ 청소년이 제1항 또는 제2항의 규정에 따라 이용료의 면제 또는 할인을 받고자 하는 때에는 이용하고자 하는 시설의 관리자에게 다음 각 호의 1에 해당하는 학생증, 주민등록증, 제7조의 규정에 의한 청소년증 그 밖에 연령을 확인할 수 있는 증빙자료를 제시하여야 한다.

1. 초·중등교육법 제2조의 규정에 의한 학교의 학생임을 증명하는 서류

2. 고등교육법 제2조의 규정에 의한 학교의 학생임을 증명하는 서류

④ 제1항 또는 제2항의 규정에 따라 이용료를 면제 또는 할인받을 수 있는 시설의 종류 및 청소년의 연령기준 등은 대통령령으로 정한다.

제7조 (청소년증) ① 시장・군수・구청장(자치구의 구청장을 말한다. 이하 같다)은 9세 이상 18세 이하의 청소년에 대하여 청소년증을 발급할 수 있다.

② 청소년증은 이를 다른 사람에게 양도하거나 대여하여서는 아니 된다.

③ 누구든지 청소년증과 동일한 명칭 또는 표시의 증표를 사용하여서는 아니 된다.

④ 제1항의 규정에 의한 청소년증의 발급 및 재발급신청과 교부에 관하여 필요한 사항은 여성가족부령으로 정한다.

[개정 2005.3.24, 2008.2.29. 제8852호(정부조직법), 2010.1.18. 제9932호(정부조직법)][[시행일 2010.3.19.]]

제3장 청소년의 건강보장

제8조 (건강한 심신의 보존) ① 국가 및 지방자치단체, 청소년의 보호자 등은 청소년의 건강증진과 체력향상을 위하여 최선의 노력을 하여야 한다.

② 국가 및 지방자치단체는 청소년의 건강증진 및 체력향상을 위한 예방・교육 등의 필요한 시책을 강구하여야 하고, 관련 기관과 협의하여 청소년의 건강・체력기준을 설정하여 보급할

수 있다.

③ 제2항의 규정에 관하여 필요한 사항은 대통령령으로 정한다.

제9조 (체력검사와 건강진단) ① 국가 및 지방자치단체는 청소년의 체력검사와 건강진단을 실시할 수 있다. 다만, 다른 법률의 규정에 의하여 체력검사 등을 실시하는 청소년을 제외한다.

② 국가 및 지방자치단체는 제1항의 규정에 의한 체력검사 및 건강진단 결과를 청소년 본인에게 통보하여야 한다.

③ 국가 및 지방자치단체는 제1항 및 제2항의 규정에 의한 체력검사·건강진단의 실시 및 결과통보를 전문기관·단체에 위탁할 수 있다.

④ 제1항 및 제2항의 규정에 의한 체력검사·건강진단의 기준 및 결과통보 등에 관해서는 대통령령으로 정한다.

제10조 (진단결과의 분석) ① 국가 및 지방자치단체는 건강진단결과를 분석하여 필요한 대책을 수립·시행하여야 한다.

② 국가 및 지방자치단체는 제1항의 규정에 의한 분석을 전문기관에 의뢰할 수 있다.

제11조 (진단결과의 공개금지) 제9조의 규정에 의하여 건강진단을 한 자 또는 건강진단기관에 근무하는 자는 청소년의 건강증진사업의 수행을 위하여 불가피한 경우를 제외하고는 진단결과를 공개하여서는 아니 된다.

제4장 특별지원청소년의 지원

제12조 (특별지원청소년에 대한 지원) ① 국가 및 지방자치단체는 특별지원청소년에 대하여 필요한 지원대책을 강구하여야 한다.

② 제1항의 규정에 의한 지원은 기초적인생활지원·학업지원·의료지원·직업훈련지원·청소년활동지원 등으로 한다. 다만, 다른 법률에 의하여 지원되는 사항을 제외한다.

③ 제2항의 규정에 의한 지원의 내용·범위·절차 등에 관한 사항은 대통령령으로 정한다.

제13조 (특별지원청소년의 선정 등) ① 국가 및 지방자치단체는 대통령령이 정하는 기준·절차에 따라 특별지원청소년을 선정하여야 한다.

② 제1항의 규정에 의한 특별지원청소년 선정업무는 청소년기본법 제42조, 제46조 및 제46조의 2의 규정에 따라 각각 설치된 한국청소년상담원·기관 등에 위탁할 수 있다. 이 경우 한국청소년상담원·기관은 지원대상 청소년 선정업무의 수행에 필요한 조사 및 상담을 실시하여야 한다.

[개정 2005.12.29. 제7799호(청소년기본법)][[시행일 2006.3.30.]]

③ 지원대상 청소년의 선정업무를 위탁받은 단체의 장은 청소년분야의 전문가로 구성된 특별지원청소년 선정심의위원회의 심의를 거쳐 지원대상 청소년을 결정하여야 한다.

④ 제3항의 규정에 의한 특별지원청소년 선정심의위원회의 구성·운영 그 밖에 필요한 사항은 대통령령으로 정한다.

제14조 (청소년쉼터의 설치·운영) ① 국가 및 지방자치단체는 가출청소년의 일시적인 생활지원과 선도, 가정·사회로의 복귀를 지원하기 위하여 청소년쉼터를 설치·운영할 수 있다.

② 청소년쉼터의 설치자 또는 운영자는 대통령령이 정하는 바에 따라 청소년쉼터에서 보호를 받고 있는 청소년의 생명·신체에 관한 손해를 배상할 것을 내용으로 하는 보험에 가입하여야 한다.

③ 국가 및 지방자치단체는 예산의 범위에서 제1항의 규정에 의한 청소년쉼터의 설치·운영 및 활동에 소요되는 경비의 전부 또는 일부를 지원할 수 있다.

제5장 교육적 선도(선도)

제15조 (교육적 선도의 실시 등) ① 국가 및 지방자치단체는 청소년 본인, 당해 청소년의 보호자 또는 학교의 장의 신청에 의하여 당해 청소년에 대한 교육적 선도(이하 '선도'라 한다)를 실시할 수 있다. 다만, 당해 청소년의 보호자 또는 학교의 장의 신청에 의하여 선도를 실시하는 경우에는 반드시 청소년 본인의 동의를 얻어야 한다.

② 선도는 청소년상담사 등 전문가를 통한 상담과 교육·자원봉사·수련·체육·단체활동 등으로 하며, 그 기간은 6월 이내로 한다.

③ 국가 및 지방자치단체는 제2항의 규정에 의한 선도결과를 분석하여 선도의 종료 또는 연장 여부를 결정하여야 한다. 선도기간을 연장하는 경우에는 6월의 기간 이내에서 1회에 한하여 그 기간을 연장할 수 있으며, 반드시 청소년 본인의 동의를 얻어

야 한다.

④ 선도대상자의 선정기준·선정절차·선도내용·선도기간 등 세부적인 사항은 대통령령으로 정한다.

제16조 (시설의 설치·운영 등) 국가 및 지방자치단체는 선도를 위하여 필요한 시설의 설치·운영, 선도프로그램의 개발·보급, 선도활동에 대한 지원 및 지도자교육 등 선도의 실효성을 확보하기 위한 노력을 강구하여야 한다.

제17조 (사무의 위탁) 국가 및 지방자치단체는 제15조의 규정에 의한 사무를 대통령령이 정하는 바에 따라 청소년기본법 제42조에 의한 한국청소년상담원, 동법 제46조 및 제46조의 2에 의한 기관, 동법 제3조 제8호에 의한 청소년단체에 위탁할 수 있다.

[개정 2005.12.29. 제7799호(청소년기본법)][[시행일 2006.3.30.]]

제18조 (선도후견인) ① 국가 및 지방자치단체 또는 제17조의 규정에 의하여 사무를 위탁받은 단체는 선도대상청소년 개인별로 선도후견인을 지정하여 운영할 수 있다.

② 제1항의 규정에 의한 선도후견인은 청소년기본법 제3조 제7호의 규정에 의한 청소년지도자 및 동법 제27조의 규정에 의한 청소년지도위원으로 위촉한다.

③ 선도후견인의 임무·위촉기준 등 세부적인 사항은 대통령령으로 정한다.

제6장 벌칙

제19조 (벌칙) 제11조의 규정에 의한 건강진단결과 공개금지 의무를 위반한 자는 1년 이하의 징역 또는 1천만 원 이하의 벌금에 처한다.

제20조 (양벌규정) 법인의 대표자나 법인 또는 개인의 대리인, 사용인, 그 밖의 종업원이 그 법인 또는 개인의 업무에 관하여 제19조의 위반행위를 하면 그 행위자를 벌하는 외에 그 법인 또는 개인에게도 해당 조문의 벌금형을 과(科)한다. 다만, 법인 또는 개인이 그 위반행위를 방지하기 위하여 해당 업무에 관하여 상당한 주의와 감독을 게을리하지 아니한 경우에는 그러하지 아니하다.
[전문개정 2010.5.17.]

제21조 (과태료) ① 제7조 제2항 또는 제3항의 규정을 위반하여 청소년증을 대여·양도한 자 또는 대여·양도받은 자와 청소년증과 동일한 명칭 또는 표시의 증표를 사용한 자는 50만 원 이하의 과태료에 처한다.
  ② 제1항의 규정에 의한 과태료는 대통령령이 정하는 바에 의하여 시장·군수·구청장이 부과·징수한다.
  ③ 제2항의 규정에 의한 과태료처분에 불복이 있는 자는 그 처분의 고지를 받은 날부터 30일 이내에 당해 시장·군수·구청장에게 이의를 제기할 수 있다.
  ④ 제2항의 규정에 의한 과태료처분을 받은 자가 제3항의 규정에 의하여 이의를 제기한 때에는 당해 시장·군수·구청장은 지체

없이 관할법원에 그 사실을 통보하여야 하며, 그 통보를 받은
관할법원은 비송사건절차법에 의한 과태료의 재판을 한다.
⑤ 제3항의 규정에 의한 기간 이내에 이의를 제기하지 아니하고
과태료를 납부하지 아니한 때에는 국세 또는 지방세체납처분의
예에 의하여 이를 징수한다.

부칙[2004.2.9.]

① (시행일) 이 법은 공포 후 1년이 경과한 날부터 시행한다.
② (이미 발급한 청소년증에 관한 경과조치) 이 법 시행 당시 시
장·군수·구청장(자치구의 구청장에 한한다)이 발급한 청소년
증은 제7조 제1항의 규정에 따라 발급된 청소년증으로 본다.
③ (청소년쉼터에 대한 경과조치) 이 법 시행 당시 종전의 청소년
기본법 제49조 제2항의 규정에 의하여 설치·운영하고 있는 청
소년쉼터는 이 법 제14조의 규정에 따라 설치·운영되는 청소
년쉼터로 본다.

부칙[2005.3.24. 제7421호(청소년기본법)]

제1조 (시행일) 이 법은 공포 후 3월 이내에 청소년위원회의 조직
에 관한 대통령령이 시행되는 날부터 시행한다.

제2조 생략

제3조 (다른 법률의 개정) ① 생략

② 청소년복지지원법 일부를 다음과 같이 개정한다.

제7조 제4항 중 '문화관광부령'을 '청소년위원회규칙'으로 한다.

③ 내지 ⑨ 생략

제4조 생략

부칙[2005.12.29. 제7799호(청소년기본법)]

제1조 (시행일) 이 법은 공포 후 3월이 경과한 날부터 시행한다.

제2조 생략

제3조 (다른 법률의 개정) ① 내지 ⑩ 생략

⑪ 제13조 제2항 중 '제42조 및 제46조'를 '제42조, 제46조 및 제46조의 2'로 하고, 제17조 중 '제46조'를 '제46조 및 제46조의 2'로 하며, 제13조 제2항 및 제17조 중 '지방청소년종합상담센터 및 지방청소년상담센터'를 각각 '기관'으로 한다.

제4조 생략

부칙[2008.2.29. 제8852호(정부조직법)]

제1조 (시행일) 이 법은 공포한 날부터 시행한다. 다만, ……<생략>…… 부칙 제6조에 따라 개정되는 법률 중 이 법의 시행 전에 공포되었으나 시행일이 도래하지 아니한 법률을 개정한 부분은 각각 해당 법률의 시행일부터 시행한다.

제2조부터 제5조까지 생략

제6조 (다른 법률의 개정) ①부터 <756>까지 생략
<757> 청소년복지지원법 일부를 다음과 같이 개정한다.
제7조 제4항 중 '청소년위원회규칙'을 '보건복지가족부령'으로 한다.
<758>부터 <760>까지 생략
제7조 생략

부칙[2010.1.18. 제9932호(정부조직법)]

제1조 (시행일) 이 법은 공포 후 2개월이 경과한 날부터 시행한다.<단서 생략>

제2조 및 제3조 생략

제4조 (다른 법률의 개정) ①부터 <119>까지 생략
<120> 청소년복지지원법 일부를 다음과 같이 개정한다.

제7조 제4항 중 '보건복지가족부령'을 '여성가족부령'으로 한다.
<121>부터 <137>까지 생략

제5조 생략

부칙[2010.5.17. 제10297호]

이 법은 공포한 날부터 시행한다.

■ 청소년복지지원법 시행령

대통령령 제22269호(고용노동부와 그 소속기관 직제) 일부개정 2010.07.12.

제1장 총칙

제1조 (목적) 이 영은 「청소년복지지원법」에서 위임된 사항과 그 시행에 관하여 필요한 사항을 규정함을 목적으로 한다.

제2장 청소년의 인권보장

제2조 (청소년인권의 보장을 위한 실태조사) 국가 및 지방자치단체는 「청소년복지지원법」(이하 '법'이라 한다) 제3조 제1항의 규정에 의한 청소년에 대한 차별의 금지 등 청소년의 인권보장을 위하여 이에 관한 실태조사를 할 수 있다.

제3장 청소년의 건강보장

제3조 (청소년의 건강증진 및 체력향상을 위한 시책) ① 국가 및 지방자치단체는 법 제8조 제2항의 규정에 의한 청소년의 건강증진과 체력향상을 위한 시책으로서 청소년이 참가하는 체육대회를 장려하고, 청소년 스포츠 동호인 활동을 적극 지원하여야 한다.

② 국가 및 지방자치단체는 제1항의 규정에 의한 체육대회를 개최하는 단체 또는 동호인 활동을 지원하는 단체에 대하여 예산의 범위 안에서 개최 또는 활동지원에 따르는 경비를 보조할 수 있다.

제4조 (청소년 건강·체력기준의 설정·보급) ① 법 제8조 제2항의 규정에 의한 청소년의 건강·체력기준의 설정 및 보급은 여성가족부장관이 실시하되, 필요한 때에는 전문연구기관에 그 업무를 위탁할 수 있다.

[개정 2005.4.27. 제18811호(청소년기본법 시행령), 2006.3.29. 제19431호(청소년기본법 시행령), 2008.2.29. 제20679호(보건복지가족부와 그 소속기관 직제), 2010.3.15. 제22076호(여성가족부 직제)][[시행일 2010.3.19.]]

② 여성가족부장관은 제1항의 규정에 의한 청소년의 건강·체력기준을 청소년의 성장환경을 고려하여 매 5년 범위 내에서 다시 설정하여야 한다.

[개정 2005.4.27. 제18811호(청소년기본법 시행령), 2006.3.29. 제19431호(청소년기본법 시행령), 2008.2.29. 제20679호(보건복지가족부와 그 소속기관 직제), 2010.3.15. 제22076호(여성가족부 직제)][[시행일 2010.3.19.]]

제5조 (체력검사와 건강진단의 실시 등) ① 법 제9조 제1항의 규정에 의한 체력검사와 건강진단은 9세 이상 18세 이하의 비취학 청소년을 우선 대상으로 한다.

② 법 제9조 제1항의 규정에 의한 체력검사와 건강진단은 제4조의 규정에 의한 청소년의 건강·체력기준 및 「국민건강보험법 시행령」 제26조 제8항의 규정에 의한 건강검진의 검사항목·방법에 따른다.

③ 여성가족부장관, 특별시장·광역시장·도지사(이하 '시·도지사'라 한다) 및 시장·군수·구청장(자치구의 구청장을 말한다. 이하 같다)은 체력검사와 건강진단을 실시하는 경우 실시기간·장소·신청절차 등 구체적인 실시계획을 공고하여야 한다.

[개정 2005.4.27. 제18811호(「청소년기본법 시행령」), 2006.3.29. 제19431호(「청소년기본법 시행령」), 2008.2.29. 제20679호(보건복지가족부와 그 소속기관 직제), 2010.3.15. 제22076호(여성가족부 직제)][[시행일 2010.3.19.]]

④ 제3항의 규정에 의한 공고가 있는 경우 청소년 본인, 보호자 또는 「청소년기본법」 제22조 제1항의 규정에 의한 청소년상담사(이하 '청소년상담사'라 한다) 등 관계인은 공고된 실시계획에 따라 여성가족부장관, 시·도지사 및 시장·군수·구청장(이하 '여성가족부장관 등'이라 한다)에게 체력검사와 건강진단을 신청할 수 있다.

[개정 2005.4.27. 제18811호(「청소년기본법 시행령」), 2006.3.29. 제19431호(청소년기본법 시행령), 2008.2.29. 제20679호(보건복지가족부와 그 소속기관 직제), 2010.3.15. 제22076호(여성가족부 직제)][[시행

일 2010.3.19.]]

⑤ 여성가족부장관 등은 체력검사와 건강진단의 신청을 받은 때에
는 신청일부터 30일 이내에 해당 청소년의 취학 여부 등을 조
사·확인한 후 그 실시 여부를 결정하고, 이를 신청인에게 통보
하여야 한다.

[개정 2005.4.27, 2006.3.29, 2008.2.29, 2010.3.15. 제22076호(여성가
족부 직제)][[시행일 2010.3.19.]]

⑥ 여성가족부장관 등은 체력검사와 건강검진을 실시한 후 30일
이내에 그 결과를 청소년 본인 및 신청인에게 통보하여야 한다.

[개정 2005.4.27. 제18811호(「청소년기본법 시행령」), 2006.3.29. 제
19431호(청소년기본법 시행령), 2008.2.29. 제20679호(보건복지가족부
와 그 소속기관 직제), 2010.3.15. 제22076호(여성가족부 직제)][[시행
일 2010.3.19.]]

⑦ 여성가족부장관 등은 체력검사와 건강검진을 실시한 결과 질
병의 치료 등이 필요한 청소년에 대해서는 적절한 조치를 하여
야 한다.

[개정 2005.4.27. 제18811호(「청소년기본법 시행령」), 2006.3.29. 제
19431호(청소년기본법 시행령), 2008.2.29. 제20679호(보건복지가족부
와 그 소속기관 직제), 2010.3.15. 제22076호(여성가족부 직제)][[시행
일 2010.3.19.]]

⑧ 제4항의 규정에 의한 신청서식, 증빙자료 등 신청에 필요한 세
부적인 사항은 여성가족부령으로 정한다.

[개정 2005.4.27. 제18811호(「청소년기본법 시행령」), 2006.3.29. 제
19431호(청소년기본법 시행령), 2008.2.29. 제20679호(보건복지가족부

와 그 소속기관 직제), 2010.3.15. 제22076호(여성가족부 직제)][[시행
일 2010.3.19.]]

제4장 특별지원청소년의 지원

제6조 (특별지원청소년에 대한 지원내용 등) ① 법 제12조의 규정
에 의한 특별지원청소년에 대한 지원은 다음의 금전 또는 이에 상당
하는 물품·용역으로 한다. 다만, 제7조 제1항 제2호 및 제3호에 해당
하는 청소년의 경우 제1호 및 제2호의 비용을 지원하지 아니한다.
[개정 2005.4.27. 제18811호(「청소년기본법 시행령」), 2006.3.29. 제
19431호(청소년기본법 시행령), 2008.2.29. 제20679호(보건복지가족부
와 그 소속기관 직제), 2010.3.15. 제22076호(여성가족부 직제)][[시행
일 2010.3.19.]]
1. 일상생활을 유지하기 위하여 필요한 의식주 등 기초생계비
2. 여성가족부령이 정하는 요양급여비용
3. 「학원의 설립·운영 및 과외교습에 관한 법률」제2조 제1호의
   규정에 의한 학원에서 계속적인 학업을 수행하기 위하여 필요
   한 학습비
4. 구직을 위한 지식·기술·기능이나 능력을 함양하기 위하여 필
   요한 훈련비
5. 그 밖에 청소년활동 등 건전한 성장을 위하여 필요한 활동비
   ② 제1항의 규정에 의한 지원은 「국민기초생활 보장법」등 다른
   법령에서 지원하는 수준을 초과할 수 없으며, 지원내용에 따른
   구체적인 금액은 여성가족부장관이 따로 정하여 고시한다.

[개정 2005.4.27. 제18811호(「청소년기본법 시행령」), 2006.3.29. 제
19431호(청소년기본법 시행령), 2008.2.29. 제20679호(보건복지가족부
와 그 소속기관 직제), 2010.3.15. 제22076호(여성가족부 직제)][[시행
일 2010.3.19.]]

③ 제1항의 규정에 의한 지원은 그 지원기간을 1년 이내로 하되,
필요한 경우 연장할 수 있으며 한 번에 연장할 수 있는 기간은
1년을 초과할 수 없다.

④ 제3항의 규정에 불구하고 제1항 제3호 및 제4호의 비용은 그 지
원기간을 합한 기간이 3년을 초과할 수 없다.

제7조 (특별지원청소년의 선정기준) ① 법 제12조의 규정에 의한
특별지원청소년은 다음의 청소년 중에서 선정한다.

1. 보호자가 없거나, 실질적으로 보호자의 보호를 받지 못하는 청
소년

2. 「초·중등교육법」 제2조의 규정에 의한 학교에서 학업을 중단
한 자로서 제1호의 규정에 해당되지 아니하는 청소년

3. 법 제15조 제1항의 규정에 의한 교육적 선도 대상자 중에서 비
행예방을 위하여 지원이 필요한 자로서 제1호의 규정에 해당되
지 아니하는 청소년

② 국가 및 지방자치단체는 제1항의 규정에 의한 청소년 중에서
다음 기준을 모두 충족한 자를 특별지원청소년으로 선정한다.

[개정 2005.4.27. 제18811호(「청소년기본법 시행령」), 2006.3.29. 제
19431호(청소년기본법 시행령), 2008.2.29. 제20679호(보건복지가족부
와 그 소속기관 직제), 2010.3.15. 제22076호(여성가족부 직제)][[시행

1. 9세 이상 18세 이하일 것
2. 청소년이 속한 가구의 소득인정액(「국민기초생활 보장법」 제2조 제8호 및 제9호의 규정에 의한 개별가구의 소득평가액과 재산의 소득환산액을 합산한 금액을 말한다)이 여성가족부령이 정하는 범위 내에 있을 것

제8조 (특별지원청소년의 지원신청) ① 청소년 본인 또는 보호자, 청소년상담사, 「청소년기본법」 제3조 제7호의 규정에 의한 청소년지도사(이하 '청소년지도사'라 한다), 「사회복지사업법」 제11조의 규정에 의한 사회복지사(이하 '사회복지사'라 한다) 그 밖의 관계인은 관할 시장・군수・구청장에게 제6조의 규정에 의한 지원을 신청할 수 있다.

② 시장・군수・구청장은 소속공무원으로 하여금 관할구역 내에 거주하는 청소년을 조사하여 제1항의 규정에 의한 지원을 신청하게 할 수 있다.

③ 제1항 및 제2항의 규정에 의한 신청서식, 증빙자료 등 신청에 필요한 세부적인 사항은 여성가족부령으로 정한다.

[개정 2005.4.27. 제18811호(「청소년기본법 시행령」), 2006.3.29. 제 19431호(청소년기본법 시행령), 2008.2.29. 제20679호(보건복지가족부 와 그 소속기관 직제), 2010.3.15. 제22076호(여성가족부 직제)][[시행 일 2010.3.19.]]

제9조 (특별지원청소년의 선정 등) ① 시장・군수・구청장은 제8조 제1항 또는 제2항의 규정에 의하여 지원신청을 받은 때에는 소속공

무원의 조사·상담과 제10조의 규정에 의한 특별지원청소년 심의위
원회의 심의를 거쳐 신청일부터 30일 이내에 그 지원 여부와 제6조의
규정에 의한 지원내용 등을 결정하여야 한다. 다만, 조사·상담을 위
하여 특별한 사정이 있는 경우에는 14일의 범위 내에서 그 기간을 연
장할 수 있다.

② 제1항의 규정에 의한 조사·상담은 다음의 사항을 대상으로 한다.

1. 보호자의 유무 및 보호정도 등 보호자에 관한 사항
2. 청소년의 생계, 학업 및 건강상태 등 생활실태에 관한 사항
3. 청소년이 속한 가구의 소득 및 재산에 관한 사항
4. 「국민기초생활 보장법」 등 다른 법령에 의한 지원에 관한 사항
5. 그 밖에 지원을 결정하기 위하여 필요한 사항

③ 시장·군수·구청장은 제2항 각 호의 규정에 의한 조사를 실시
   하기 위하여 국세·지방세·토지·건물·건강보험·국민연금
   및 고용보험 등에 관한 전산망을 이용하고자 하는 경우에는 관
   계기관의 장에게 협조를 요청할 수 있다. 이 경우 관계기관의
   장은 정당한 사유가 없는 한 이에 응하여야 한다.

④ 제1항의 규정에 의하여 조사·상담을 실시하는 시·군·구(자
   치구를 말한다. 이하 같다) 소속 공무원은 그 권한을 표시하는
   증표를 휴대하고 이를 관계인에게 제시하여야 한다.

⑤ 시장·군수·구청장은 청소년 본인 또는 보호자가 제2항의 규
   정에 의한 조사·상담을 거부·방해 또는 기피하는 경우에는
   제8조의 규정에 의한 지원신청을 반려할 수 있다. 이 경우 서면
   으로 그 이유를 명시하여야 한다.

⑥ 그 밖에 특별지원청소년의 선정절차 등에 관하여 필요한 사항

은 여성가족부령으로 정한다.

[개정 2005.4.27. 제18811호(「청소년기본법 시행령」), 2006.3.29. 제19431호(청소년기본법 시행령), 2008.2.29. 제20679호(보건복지가족부와 그 소속기관 직제), 2010.3.15. 제22076호(여성가족부 직제)][[시행일 2010.3.19.]]

제10조 (특별지원청소년 심의위원회의 구성·운영 등) ① 특별지원청소년의 선정 및 지원에 관한 사항을 심의하기 위하여 시장·군수·구청장 소속하에 특별지원청소년심의위원회(이하 '심의위원회'라 한다)를 둔다.

② 심의위원회는 위원장 1인을 포함한 10인 이내의 위원으로 구성한다.

③ 위원장은 시장·군수·구청장이 되고, 필요한 경우에는 소속공무원으로 하여금 그 직무를 대행하게 할 수 있다.

④ 심의위원회의 위원은 시·군·구 소속 공무원 중에서 시장·군수·구청장이 지명하는 자와 다음 각 호의 규정에 의한 자 중에서 시장·군수·구청장이 위촉하는 자로 한다.

[개정 2010.7.12. 제22269호(고용노동부와 그 소속기관 직제)]

1. 지역교육청 또는 지방고용노동관서에 소속된 공무원으로서 청소년 관련 업무를 담당하거나 하였던 자

2. 「고등교육법」 제2조 각 호의 규정에 의한 학교에서 조교수 이상 또는 이에 상당하는 직에 있거나 있었던 자로서 청소년분야에 학식과 경험이 풍부한 자

3. 변호사·의사 또는 교사의 자격이 있는 자로서 청소년분야에 학

식과 경험이 풍부한 자

4. 청소년상담사, 청소년지도사 또는 사회복지사의 자격이 있는 자

5. 청소년단체에서 청소년활동을 3년 이상 전문적으로 담당하거나 하였던 자

6. 그 밖에 청소년분야에 전문지식이 있다고 위원장이 인정한 자

⑤ 위촉위원의 임기는 2년으로 하되, 연임할 수 있다.

⑥ 위원장은 심의위원회를 소집하고, 그 의장이 된다.

⑦ 심의위원회의 회의는 재적위원 과반수의 출석으로 개의하고, 출석위원 과반수의 찬성으로 의결한다.

⑧ 심의위원회의 사무를 담당하기 위하여 간사 1인을 두며, 간사는 시·군·구 소속공무원 중에서 위원장이 지명한다.

⑨ 위원장은 필요하다고 인정하는 때에는 심의위원회의 위원 외에 관계인 및 전문가로 하여금 회의에 출석하여 발언하도록 요청할 수 있다.

⑩ 심의위원회의 회의에 출석한 위원, 관계인 및 전문가에 대해서는 예산의 범위 안에서 수당과 여비를 지급할 수 있다. 다만, 공무원인 위원이 그 소관업무와 직접적으로 관련하여 회의에 출석하는 경우에는 그러하지 아니하다.

⑪ 그 밖에 심의위원회의 구성·운영 등에 관하여 필요한 사항은 시·군·구의 조례로 정한다.

제11조 (특별지원청소년 지원통보 등) ① 시장·군수·구청장은 특별지원청소년에 대한 지원을 결정한 때 및 제12조 제5항의 규정에 의한 선정을 통보받은 때에는 그 결정의 요지, 지원내용·금액 및 지원기간

등을 서면으로 청소년 본인, 보호자 및 신청인에게 통보하여야 한다.

② 시장·군수·구청장이 제6조 제3항의 규정에 의한 지원기간의 연장결정을 하는 경우에는 지원성과 및 제7조의 규정에 의한 선정기준에의 적합여부 등을 조사·확인하여야 한다.

제12조 (특별지원청소년 선정업무 위탁 등) ① 시장·군수·구청장은 법 제13조 제2항의 규정에 의하여 특별지원청소년 선정업무를 위탁하는 경우 위탁받을 단체의 전문성 및 운영능력 등을 고려하여야 한다.

② 특별지원청소년의 선정업무를 위탁받은 단체의 장은 특별지원청소년 선정에 관한 사항을 심의하기 위하여 위탁받은 단체에 특별지원청소년 심의위원회(이하 '위탁심의위원회'라 한다)를 둔다.

③ 위탁받은 단체의 장은 위탁심의위원회의 위원장이 되고, 위원은 다음 각 호의 규정에 의한 자 중에서 위원장이 위촉한다.

1. 「고등교육법」 제2조 각 호의 규정에 의한 학교에서 조교수 이상 또는 이에 상당하는 직에 있거나 있었던 자로서 청소년분야에 학식과 경험이 풍부한 자

2. 변호사·의사 또는 교사의 자격이 있는 자로서 청소년분야에 학식과 경험이 풍부한 자

3. 청소년상담사·청소년지도사 또는 사회복지사의 자격이 있는 자

4. 청소년단체에서 청소년활동을 3년 이상 전문적으로 담당하거나 하였던 자

5. 그 밖에 청소년분야에 전문지식이 있다고 위원장이 인정한 자

④ 그 밖에 위탁심의위원회의 구성·운영 등에 관하여 필요한 사항은 제10조 제2항, 제5항 내지 제7항, 제9항 및 제10항의 규정을 준용한다.

⑤ 위탁받은 단체의 장은 특별지원청소년을 선정한 때에는 지체 없이 그 사실을 시장·군수·구청장에게 통보하여야 한다.

제13조 (청소년쉼터의 설치·운영) ① 법 제14조 제1항의 규정에 의한 청소년쉼터는 가출청소년의 일시적인 생활지원과 선도 및 가정·사회로의 복귀를 지원하기 위하여 다음의 사업을 수행한다.

1. 가출청소년의 일시보호 및 숙식제공
2. 가출청소년의 상담·선도·수련활동
3. 가출청소년의 학업 및 직업훈련 지원활동
4. 청소년의 가출 예방을 위한 거리상담활동
5. 그 밖에 청소년복지지원에 관한 활동

② 국가 및 지방자치단체는 제1항의 규정에 의한 청소년쉼터를 설치·운영하는 경우 여성가족부령이 정하는 설치 기준에 적합한 시설과 전문인력을 확보·유지하도록 노력하여야 한다.

[개정 2005.4.27. 제18811호(「청소년기본법 시행령」), 2006.3.29. 제19431호(청소년기본법 시행령), 2008.2.29. 제20679호(보건복지가족부와 그 소속기관 직제), 2010.3.15. 제22076호(여성가족부 직제)][[시행일 2010.3.19.]]

제14조 (청소년쉼터의 보험가입) 법 제14조 제2항의 규정에 의한 보험금액의 기준은 「청소년활동진흥법 시행령」 제13조 제2항의 규정

을 준용한다.

제5장 교육적 선도(선도)

제15조 (선도내용 등) ① 법 제15조의 규정에 의하여 교육적 선도
(이하 '선도'라 한다)의 내용·방법 및 선도기간을 정하는 때에는 제
18조 제2항 및 제3항의 규정에 의한 조사·상담내용과 선도대상자
및 법 제18조 제1항의 규정에 의한 선도후견인의 의견을 고려하여
야 한다.
② 「초·중등교육법」 제2조의 규정에 의한 학교에 재학 중인 청소
년이 선도대상자로 선정되는 경우에는 학교 교육과정의 이수에
어려움이 없도록 선도내용·방법 및 선도기간이 조정되어야 한다.

제16조 (선도대상자의 선정기준) 법 제15조 제1항의 규정에 의한
선도대상자의 신정은 9세 이상 18세 이히의 지로서 다음의 청소년으
로 한다.
1. 일상생활에 적응하지 못하여 비행·일탈을 저지른 청소년
2. 일상생활에 적응하지 못하여 전문가의 상담 등 가정 또는 학교
외부의 교육적 도움이 필요한 청소년

제17조 (선도신청) ① 법 제15조 제1항의 규정에 의하여 청소년 본
인이 선도를 신청하는 때에는 시장·군수·구청장에게 신청서를 제
출하여야 한다.
② 법 제15조 제1항의 규정에 의하여 청소년의 보호자 또는 학교의

장이 시장·군수·구청장에게 선도를 신청하는 때에는 신청서와 청소년 본인의 동의서를 첨부하여야 한다.

③ 제1항 및 제2항의 규정에 의한 신청서식 등 선도신청에 필요한 세부적인 사항은 여성가족부령으로 정한다.

[개정 2005.4.27. 제18811호(「청소년기본법 시행령」), 2006.3.29. 제19431호(청소년기본법 시행령), 2008.2.29. 제20679호(보건복지가족부와 그 소속기관 직제), 2010.3.15. 제22076호(여성가족부 직제)][[시행일 2010.3.19.]]

제18조 (선도대상자의 선정절차 등) ① 시장·군수·구청장은 제17조의 규정에 의한 선도신청을 받은 때에는 기본적인 조사를 실시하고, 선도가 필요하다고 인정되는 때에는 전문적인 조사·상담을 실시한 후 청소년선도심의위원회(이하 '선도위원회'라 한다)의 심의를 거쳐 신청일부터 30일 이내에 선도실시 여부, 선도내용 및 선도기간 등을 결정하여야 한다. 다만, 조사·상담을 위하여 특별한 사정이 있는 경우에는 14일의 범위 내에서 그 기간을 연장할 수 있다.

② 제1항의 규정에 의한 기본적인 조사는 다음의 사항을 대상으로 한다.

1. 비행·일탈 유무 및 비행·일탈내용에 관한 사항
2. 청소년의 가정, 학교 등 생활환경에 관한 사항
3. 그 밖에 선도 여부를 결정하기 위하여 필요한 사항

③ 제1항의 규정에 의한 전문적인 조사·상담은 다음의 사항과 관련하여 실시한다.

1. 청소년의 인성, 적성 등을 측정하는 심리검사

2. 청소년의 장래희망, 학업 및 직업계획 등에 관한 사항

3. 그 밖에 선도방향 및 기간을 결정하기 위하여 필요한 사항

④ 제1항의 규정에 의하여 조사·상담을 실시하는 자는 그 권한을 표시하는 증표를 휴대하고 이를 관계인에게 제시하여야 한다.

⑤ 제1항의 규정에 의한 선도위원회는 시장·군수·구청장 소속하에 설치하고 그 밖에 위원회의 구성·운영 등에 관하여 필요한 사항은 여성가족부령으로 정한다.

[개정 2005.4.27. 제18811호(「청소년기본법 시행령」), 2006.3.29. 제19431호(청소년기본법 시행령), 2008.2.29. 제20679호(보건복지가족부와 그 소속기관 직제), 2010.3.15. 제22076호(여성가족부 직제)][[시행일 2010.3.19.]]

제19조 (선도결정 등) 시장·군수·구청장은 청소년에 대한 선도를 결정하는 때에는 그 결정의 요지, 선도내용 및 선도기간 등을 서면으로 청소년 본인, 보호자 및 학교의 장에게 각각 통보하여야 한다. 다만, 학교의 장에 대한 통보는 청소년 본인 또는 보호자가 원하지 아니하는 때에는 하지 아니한다.

제20조 (선도사무의 위탁 등) ① 법 제17조의 규정에 의하여 선도사무를 위탁하는 경우에는 위탁받을 단체의 전문성 및 운영능력 등을 고려하여야 한다.

② 법 제17조의 규정에 의하여 선도사무를 위탁받은 단체는 선도에 관한 사항을 심의하기 위하여 위탁받은 단체에 청소년선도심의위원회(이하 '위탁선도위원회'라 한다)를 둔다. 다만, 선도

사무와 법 제13조 제2항의 규정에 의한 특별지원청소년 선정업
무를 위탁받은 단체가 동일한 경우에는 위탁심의위원회와 통합
하여 운영할 수 있다.

③ 국가 및 지방자치단체는 법 제17조의 규정에 의하여 선도사무
를 위탁받은 단체에 예산의 범위 안에서 선도사무 수행에 필요
한 비용 및 시설 등을 지원할 수 있다.

④ 제2항의 규정에 의한 위탁선도위원회의 구성·운영 등에 관하
여 필요한 사항은 여성가족부령으로 정한다.

[개정 2005.4.27. 제18811호(「청소년기본법 시행령」), 2006.3.29. 제
19431호(청소년기본법 시행령), 2008.2.29. 제20679호(보건복지가족부
와 그 소속기관 직제), 2010.3.15. 제22076호(여성가족부 직제)][[시행
일 2010.3.19.]]

제21조 (선도후견인의 임무 등) ① 법 제18조 제1항의 규정에 의한
선도후견인의 임무는 다음 각 호와 같다.

1. 선도대상 청소년에 대한 상담 및 지원
2. 선도대상 청소년의 선도내용 변경, 선도기간 종료 및 연장에 관
   한 의견제출
3. 그 밖에 선도대상 청소년의 건강한 성장을 위한 조언

② 선도후견인에 대해서는 예산의 범위 안에서 수당과 활동에 필
요한 경비를 지원할 수 있다.

제6장 벌칙

제22조 (과태료의 부과) ① 법 제21조 제2항의 규정에 의하여 시장·
군수·구청장이 과태료를 부과하고자 하는 때에는 당해 위반행
위를 조사·확인한 후 위반사실과 과태료의 금액 등을 서면으
로 명시하여 과태료 처분대상자에게 통지하여야 한다.

② 시장·군수·구청장은 제1항의 규정에 의하여 과태료를 부과하
고자 할 때에는 10일 이상의 기간을 정하여 과태료처분대상자
에게 구두 또는 서면에 의한 의견진술의 기회를 주어야 한다.
이 경우 지정된 기일까지 의견진술이 없는 때에는 의견이 없는
것으로 본다.

③ 시장·군수·구청장은 과태료의 금액을 정함에 있어서 당해 위
반행위의 동기와 그 결과 등을 참작하여야 한다.

④ 과태료의 징수절차는 여성가족부령으로 정한다.

[개정 2005.4.27. 제18811호(「청소년기본법 시행령」), 2006.3.29. 제
19431호(청소년기본법 시행령), 2008.2.29. 제20679호(보건복지가족부
와 그 소속기관 직제), 2010.3.15. 제22076호(여성가족부 직제)][[시행
일 2010.3.19.]]

부칙[2005.3.18. 제18741호]

이 영은 공포한 날부터 시행한다.

부칙[2005.4.27. 제18811호(청소년기본법 시행령)]

제1조 (시행일) 이 영은 공포한 날부터 시행한다.

제2조 생략

제3조 (다른 법령의 개정) ① 생략

② 청소년복지지원법 시행령 일부를 다음과 같이 개정한다.

제5조 제3항 내지 제7항 중 '문화관광부장관'을 각각 '청소년위원회'로 한다.

제4조 제1항 및 제6조 제2항 중 '문화관광부장관이'를 각각 '청소년위원회가'로 한다.

제4조 제2항 중 '문화관광부장관은'을 '청소년위원회는'으로 한다.

제5조 제8항, 제6조 제1항 제2호, 제7조 제2항 제2호, 제8조 제3항, 제9조 제6항, 제13조 제2항, 제17조 제3항, 제18조 제5항, 제20조 제4항 및 제22조 제4항 중 '문화관광부령'을 각각 '청소년위원회규칙'으로 한다.

③ 내지 ⑧ 생략

부칙[2006.3.29. 제19431호(청소년기본법 시행령)]

제1조 (시행일) 이 영은 2006년 3월 30일부터 시행한다.

제2조 (다른 법령의 개정) ① 내지 ⑥ 생략

⑦ 청소년복지지원법 시행령 일부를 다음과 같이 개정한다.

제4조 제1항·제2항, 제5조 제3항 내지 제7항 및 제6조 제2항 중

'청소년위원회'를 각각 '국가청소년위원회'로 한다.

　제5조 제8항, 제6조 제1항 제2호, 제7조 제2항 제2호, 제8조 제3항, 제9조 제6항, 제13조 제2항, 제17조 제3항, 제18조 제5항, 제20조 제4항 및 제22조 제4항 중 '청소년위원회규칙'을 '국가청소년위원회규칙'으로 한다.

　⑧ 내지 ⑫ 생략

부칙[2008.2.29. 제20679호(보건복지가족부와 그 소속기관 직제)]

제1조 (시행일) 이 영은 공포한 날부터 시행한다.

제2조부터 제8조까지 생략

제9조 (다른 법령의 개정) ①부터 <67>까지 생략
　<68> 청소년복지지원법 시행령 일부를 다음과 같이 개정한다.
　제4조 제1항 중 '국가청소년위원회가'를 '보건복지가족부장관이'로 하고, 같은 조 제2항 중 '국가청소년위원회는'을 '보건복지가족부장관은'으로 한다.
　제5조 제3항 중 '국가청소년위원회'를 '보건복지가족부장관'으로 하고, 같은 조 제4항 중 '국가청소년위원회'를 '보건복지가족부장관'으로, '국가청소년위원회 등'을 '보건복지가족부장관 등'으로 하며, 같은 조 제5항부터 제7항까지 중 '국가청소년위원회 등'을 각각 '보건복지가족부장관 등'으로 하고, 같은 조 제8항 중 '국가청소년위원회규칙'을 '보건복지가족부령'으로 한다.

제6조 제1항 제2호 중 '국가청소년위원회규칙'을 '보건복지가족부령'으로 하고, 같은 조 제2항 중 '국가청소년위원회가'를 '보건복지가족부장관이'로 한다.

　제7조 제2항 제2호, 제8조 제3항, 제9조 제6항, 제13조 제2항, 제17조 제3항, 제18조 제5항, 제20조 제4항, 제22조 제4항 중 '국가청소년위원회규칙'을 각각 '보건복지가족부령'으로 한다.

　<69>부터 <80>까지 생략

부칙[2010.3.15. 제22076호(여성가족부 직제)]

제1조 (시행일) 이 영은 2010년 3월 19일부터 시행한다.

제2조 생략

제3조 (다른 법령의 개정) ①부터 <21>까지 생략

　<22> 청소년복지지원법 시행령 일부를 다음과 같이 개정한다.

　제4조 제1항·제2항, 제5조 제3항·제4항 및 제6조 제2항 중 '보건복지가족부장관'을 각각 '여성가족부장관'으로 한다.

　제5조 제4항부터 제7항까지 중 '보건복지가족부장관 등'을 각각 '여성가족부장관 등'으로 한다.

　제5조 제8항, 제6조 제1항 제2호, 제7조 제2항 제2호, 제8조 제3항, 제9조 제6항, 제13조 제2항, 제17조 제3항, 제18조 제5항, 제20조 제4항 및 제22조 제4항 중 '보건복지가족부령'을 각각 '여성가족부령'으로 한다.

<23>부터 <26>까지 생략

부칙[2010.7.12. 제22269호(고용노동부와 그 소속기관 직제)]

제1조 (시행일) 이 영은 공포한 날부터 시행한다.<단서 생략>

제2조 (다른 법령의 개정) ①부터 <119>까지 생략
<120> 청소년복지지원법 시행령 일부를 다음과 같이 개정한다.
제10조 제4항 제1호 중 '지방노동관서'를 '지방고용노동관서'로 한다.
<121>부터 <136>까지 생략

■ 청소년복지지원법 시행규칙
여성가족부령 제12호 일부개정 2011.03.29.

제1조 (목적) 이 규칙은 「청소년복지지원법」 및 동법 시행령에서 위임된 사항과 그 시행에 관하여 필요한 사항을 규정함을 목적으로 한다.

제2조 (청소년증의 발급신청) ① 「청소년복지지원법」(이하 '법'이라 한다) 제7조 제1항에 따라 청소년증의 발급을 신청하려는 청소년(이하 '신청인'이라 한다)은 별지 제1호 서식의 청소년증 발급신청서에 사진 1장을 첨부하여 관할 시장·군수·구청장(자치구의 구청장을 말한다. 이하 같다) 또는 읍·면·동장에게 제출하여야 한다.
[개정 2011.3.29][[시행일 2011.6.1]]
② 관할 시장·군수·구청장 또는 읍·면·동장은 신청인이 청소

년증 발급 전에 임시증명서로 활용하기 위하여 청소년증 발급 신청 확인서 발급을 요청하는 경우에는 사진 1장을 추가로 제출받아 별지 제1호의 2서식에 따른 청소년증 발급신청 확인서를 발급하여야 한다.

[개정 2011.3.29][[시행일 2011.6.1]]

제3조 (청소년증의 발급·교부) ① 제2조 제1항의 규정에 의하여 청소년증의 발급을 신청받은 자는 신청인의 본인 여부를 확인한 후, 별지 제2호 서식의 청소년증 신청접수·발급대장에 해당사항을 기재하여야 한다.

② 제1항의 규정에 의한 신청인의 본인 여부의 확인은 관계공무원이 신청인에게 주민등록번호 및 주소 등 필요한 사항을 물어보거나 인근 주민에게 문의하는 방법으로 할 수 있다.

③ 시장·군수·구청장이 청소년증을 신청인에게 교부하는 때에는 별지 제2호 서식의 청소년증 신청접수·발급대장에 교부인을 날인하여야 한다.

④ 청소년이 읍·면·동장에게 청소년증의 발급을 신청한 경우에 시장·군수·구청장은 발급된 청소년증을 해당 읍·면·동장에게 송부한다.

⑤ 읍·면·동장이 제4항의 규정에 의하여 청소년증을 송부받은 때에는 별지 제2호 서식의 청소년증 신청접수·발급대장에 교부인을 날인하고 신청인에게 교부한다.

제4조 (청소년증의 재발급 등) ① 청소년증을 교부받은 사람은 그

청소년증을 잃어버리거나 청소년증이 훼손되거나 기재사항을 변경하려는 경우에는 별지 제1호 서식의 청소년증 재발급신청서에 청소년증(청소년증을 잃어버린 경우는 제외한다)과 기재사항의 변경내용을 증명할 수 있는 서류(기재사항을 변경하려는 경우에만 해당한다)를 첨부하여 신청인의 거주지와 관계 없이 시장·군수·구청장 또는 읍·면·동장에게 재발급을 신청할 수 있다. 다만, 청소년증에 부착된 사진을 교체하려는 경우에는 신청인의 관할 시장·군수·구청장 또는 읍·면·동장에게 신청하여야 한다.

[개정 2011.3.29][[시행일 2011.6.1]]

② 제1항에 따라 청소년증 재발급 신청을 받은 시장·군수·구청장 또는 읍·면·동장은 신청인이 재발급 신청 이전에 청소년증을 발급받은 사실이 있는지와 본인이 맞는지를 확인한 후 처리하여야 한다.

[신설 2011.3.29][[시행일 2011.6.1]]

③ 신청인이 관할 시장·군수·구청상 또는 읍·면·동장이 아닌 시장·군수·구청장 또는 읍·면·동장에게 청소년증 재발급을 신청한 후 재발급된 청소년증을 6개월간 찾아가지 아니하는 경우에는 그 청소년증을 발급하여 보관하고 있는 시장·군수·구청장 또는 읍·면·동장은 신청인의 관할 시장·군수·구청장 또는 읍·면·동장에게 청소년증을 보내야 한다.

[신설 2011.3.29][[시행일 2011.6.1]]

④ 제3조 제2항부터 제5항까지의 규정은 청소년증의 재발급 시 준용한다.

[개정 2011.3.29][[시행일 2011.6.1]]

제4조의 2 (청소년증의 회수·파기) ① 시장·군수·구청장 또는 읍·면·동장은 다음 각 호의 어느 하나에 해당하는 사유가 발생하면 청소년증(제2호의 경우는 재발급되기 전의 청소년증을 말한다)을 회수하여야 한다.

1. 유효기간 도래 등으로 청소년증을 반납한 경우
2. 제4조 제1항에 따라 청소년증을 재발급한 경우. 다만, 청소년증을 잃어버려 재발급한 경우는 제외한다.
3. 우체국 등으로부터 습득한 청소년증에 대하여 본인에게 수령안내를 통지한 후 1년이 경과한 경우
4. 제3조 또는 제4조에 따라 발급한 청소년증에 대하여 수령안내를 통지한 후 1년이 지나도 찾아가지 아니하는 경우

② 제1항에 따라 회수된 청소년증은 별지 제2호의 2 서식에 따른 청소년증 회수대장에 기록하고 분기마다 1회 이상 이를 파기하여야 한다.

[본조신설 2011.3.29.][[시행일 2011.6.1.]]

제5조 (청소년증) ① 법 제7조 제1항의 규정에 의한 청소년증은 별지 제3호 서식에 의한다.

② 제1항의 규정에 의한 청소년증의 발급에 있어서 직인의 날인은 그 직인의 인영을 인쇄함으로써 이에 갈음할 수 있다.

제6조 (체력검사 및 건강진단 신청서식) ①「청소년복지지원법 시행령」(이하 '영'이라 한다) 제5조 제8항의 규정에 의한 청소년 체력검사 및 건강진단 신청서는 별지 제4호 서식에 의한다.

② 제1항의 규정에 의한 신청서에 필요한 증빙자료는 다음과 같다. 다만,「전자정부구현을 위한 행정업무 등의 전자화촉진에 관한 법률」제21조 제1항의 규정에 의한 행정정보의 공동이용을 통하여 첨부서류에 대한 정보를 확인할 수 있는 경우에는 그 확인으로 증빙자료에 갈음할 수 있다.

1. 비취학을 증명하는 서류 1부
2. 주민등록등본 1부

제7조 (요양급여비용) 영 제6조 제1항 제2호에서 '여성가족부령이 정하는 요양급여비용'이라 함은 청소년이 질병·부상 등으로 인하여 다음의 요양급여를 받는 데에 소요되는 비용을 말한다.

[개정 2008.3.3. 제1호(보건복지가족부와 그 소속기관 직제 시행규칙), 2010.3.19. 제1호(여성가족부 직제 시행규칙)]

1. 진찰·검사
2. 약제·치료재료의 지급
3. 처치·수술과 그 밖의 치료
4. 예방·재활
5. 입원
6. 간호
7. 이송과 그 밖의 의료목적의 달성을 위한 조치

제8조 (청소년이 속한 가구의 소득인정액의 범위) 영 제7조 제2항 제2호에서 '여성가족부령이 정하는 범위'란 「국민기초생활 보장법」

제6조에 따른 최저생계비를 기준으로 다음에 해당하는 경우를 말한다.

[개정 2008.3.3. 제1호(보건복지가족부와 그 소속기관 직제 시행규칙), 2010.3.19. 제1호(여성가족부 직제 시행규칙), 2011.3.29.][[시행일 2011.6.1.]]

1. 영 제6조 제1항 제1호 및 제2호의 경우: 최저생계비의 100분의 150 미만일 것

2. 영 제6조 제1항 제3호부터 제5호까지의 경우: 최저생계비의 100분의 180 미만일 것

제9조 (특별지원청소년 신청) ① 영 제8조 제3항에 따른 특별지원청소년 지원신청서는 사회복지 관련 사업 및 서비스와 관련하여 보건복지부장관이 정하여 고시하는 공통서식에 의한다.

[개정 2009.12.31, 2010.3.19. 제1호(여성가족부 직제 시행규칙), 2011.3.29.]

[시행일 2011.6.1.]

② 제1항에 의한 신청서에 필요한 증빙자료 등은 다음과 같다. 다만, 「전자정부법」 제36조 제1항에 따른 행정정보의 공동이용을 통하여 첨부서류에 대한 정보를 확인할 수 있는 경우에는 그 확인으로 증빙자료에 갈음할 수 있다.

[개정 2009.12.31, 2010.3.19. 제1호(여성가족부 직제 시행규칙), 2011.3.29.]

[시행일 2011.6.1.]

1. 영 제7조 제1항의 규정에 의한 특별지원청소년 선정대상임을 증명하는 서류 또는 그 밖의 관련 자료

2. 소득·재산 신고서(사회복지 관련 사업 및 서비스와 관련하여 보건복지부장관이 정하여 고시하는 공통서식에 따른다) 및 소

득·재산을 증명할 수 있는 서류(월급명세서, 전·월세계약서를 말한다) 각 1부

3. 삭제[2011.3.29.][시행일 2011.6.1.]

4. 삭제[2011.3.29.][시행일 2011.6.1.]

[본조 제목 개정 2009.12.31.][시행일 2010.1.1.]

제10조 (자료의 제출요구) 시장·군수·구청장은 영 제9조 제2항 각 호의 내용을 확인하기 위하여 필요한 자료를 청소년 본인, 보호자 및 특별지원청소년 신청인에게 요청할 수 있다.

제11조 (특별지원청소년 조사·상담내용의 기록·관리) 시장·군수·구청장은 영 제9조 제2항의 규정에 의한 조사·상담내용을 기록·관리하여야 한다.

제12조 (특별지원청소년 지원현황 관리) 시장·군수·구청장은 사회복지 관련 사업 및 서비스와 관련하여 여성가족부장관이 정하여 고시하는 공통서식에 따라 복지대상자 통합관리카드를 작성·관리하여야 한다.

[개정 2010.3.19. 제1호(여성가족부 직제 시행규칙)]

[전문개정 2009.12.31.][시행일 2010.1.1.]

제13조 (청소년쉼터의 설치기준 등) ① 영 제13조 제2항의 규정에 의한 청소년쉼터의 설치기준은 다음과 같다.

1. 숙식 시설(침실·식당 및 욕실을 포함한다)

2. 단체활동실 1개소

3. 상담실 1개소

4. 사무실 1개소

② 영 제13조 제2항의 규정에 의한 전문인력 기준은 「청소년기본
법」 제21조 제1항의 규정에 의한 청소년지도사(이하 '청소년지
도사'라 한다), 「청소년기본법」 제22조 제1항의 규정에 의한 청
소년상담사(이하 '청소년상담사'라 한다) 및 「사회복지사업법」
제11조의 규정에 의한 사회복지사 중 2명 이상을 확보·유지함
을 말한다.

제14조 (교육적 선도 지원신청서) 영 제17조 제3항의 규정에 의한
교육적 선도(이하 '선도'라 한다) 지원신청서는 별지 제7호 서식에
의한다.

제15조 (청소년선도심의위원회의 구성·운영 등) ① 영 제18조 제5
항의 규정에 의하여 청소년선도심의위원회(이하 '선도위원회'라 한
다)는 위원장 1인을 포함하여 10인 이내의 위원으로 구성한다.

② 선도위원회의 위원장은 시장·군수·구청장이 되고, 부득이한
경우 제3항의 규정에 의하여 소속 공무원으로서 선도위원회의
위원인 자로 하여금 그 직무를 대행하게 할 수 있다.

③ 선도위원회의 위원은 시·군·구(자치구를 말한다. 이하 같다)
소속 공무원 중에서 시장·군수·구청장이 지명하는 자와 다음
의 자 중에서 시장·군수·구청장이 위촉하는 자로 한다.

1. 지역교육청에 소속된 공무원으로서 청소년 관련 업무를 담당하거나 하였던 자

2. 「고등교육법」 제2조 각 호의 규정에 의한 학교에서 조교수 이상 또는 이에 상당하는 직에 있거나 있었던 자로서 청소년분야에 학식과 경험이 풍부한 자

3. 변호사·의사 또는 교사의 자격이 있는 자로서 청소년분야에 학식과 경험이 풍부한 자

4. 청소년지도사·청소년상담사 또는 사회복지사의 자격이 있는 자

5. 청소년단체에서 청소년활동을 3년 이상 전문적으로 담당하거나 하였던 자

6. 그 밖에 청소년분야에 전문지식이 있다고 위원장이 인정한 자

④ 위촉위원의 임기는 2년으로 하되, 연임할 수 있다.

⑤ 위원장은 선도위원회를 소집하고, 그 의장이 된다.

⑥ 선도위원회의 회의는 재적위원 과반수의 출석으로 개의하고, 출석위원 과반수의 찬성으로 의결한다.

⑦ 선도위원회의 사무를 담당하기 위하여 간사 1인을 두며, 간사는 시·군·구 소속공무원 중에서 위원장이 지명한다.

⑧ 위원장은 필요하다고 인정하는 때에는 선도위원회의 위원 외에 관계인 및 전문가로 하여금 회의에 출석하여 발언하도록 요청할 수 있다.

⑨ 선도위원회의 회의에 출석한 위원, 관계인 및 전문가에 대해서는 예산의 범위 안에서 수당과 여비를 지급할 수 있다. 다만, 공무원인 위원이 그 소관업무와 직접적으로 관련하여 회의에 출

석하는 경우에는 그러하지 아니하다.

⑩ 그 밖에 선도위원회의 구성·운영 등에 관하여 필요한 사항은 시·군·구의 조례로 정한다.

제16조 (선도사무의 위탁) ① 법 제17조의 규정에 의하여 선도사무를 위탁받은 단체의 장은 영 제20조 제2항의 규정에 의한 청소년선도심의위원회(이하 '위탁선도위원회'라 한다)의 위원장이 되고, 위원은 다음의 자 중에서 위원장이 위촉한다.

1. 「고등교육법」 제2조 각 호의 규정에 의한 학교에서 조교수 이상 또는 이에 상당하는 직에 있거나 있었던 자로서 청소년분야에 학식과 경험이 풍부한 자

2. 변호사·의사 또는 교사의 자격이 있는 자로서 청소년분야에 학식과 경험이 풍부한 자

3. 청소년지도사·청소년상담사 또는 사회복지사의 자격이 있는 자

4. 청소년단체에서 청소년활동을 3년 이상 전문적으로 담당하거나 하였던 자

5. 그 밖에 청소년분야에 전문지식이 있다고 위원장이 인정한 자

② 그 밖에 위탁선도위원회의 구성·운영 등에 관하여 필요한 사항은 제15조 제1항, 제4항 내지 제6항, 제8항 및 제9항의 규정을 준용한다.

③ 선도결정의 선도사무를 위탁받은 단체의 장이 청소년에 대한 선도를 결정하는 경우에 선도결정의 통보는 영 제19조의 규정을 준용한다.

④ 선도사무를 위탁받은 단체의 장이 선도를 실시한 경우에는 반

기별로 1회씩 선도실시 내용 등을 시장·군수·구청장에게 제출하여야 한다.

제17조 (과태료의 징수절차) 영 제22조 제4항의 규정에 의한 과태료의 징수절차에 관해서는 「국고금관리법 시행규칙」을 준용한다. 이 경우 납입고지서에는 이의신청방법 및 이의신청기간을 함께 적어 넣어야 한다.

부칙[2005.3.18. 제108호]

이 규칙은 공포한 날부터 시행한다.

부칙[2008.3.3. 제1호(보건복지가족부와 그 소속기관 직제 시행규칙)]

제1조 (시행일) 이 규칙은 공포한 날부터 시행한다.

제2조 생략

제3조 (다른 법령의 개정) ①부터 <84>까지 생략
<85> 청소년복지지원법 시행규칙 일부를 다음과 같이 개정한다.
제7조 각 호 외의 부분 및 제8조 각 호 외의 부분 중 '문화관광부령'을 각각 '보건복지가족부령'으로 한다.
별지 제4호 서식 앞쪽 중 '문화관광부장관'을 '보건복지가족부장관'으로 한다.

<86>부터 <94>까지 생략

부칙[2009.12.31. 제148호]

이 규칙은 2010년 1월 1일부터 시행한다.

부칙[2010.3.19. 제1호(여성가족부 직제 시행규칙)]

제1조 (시행일) 이 규칙은 공포한 날부터 시행한다.

제2조 (다른 법령의 개정) ①부터 ⑫까지 생략
⑬ 청소년복지지원법 시행규칙 일부를 다음과 같이 개정한다.
제7조 각 호 외의 부분 및 제8조 각 호 외의 부분 중 '보건복지가족
부령'을 각각 '여성가족부령'으로 한다.
제9조 제1항·제2항 제2호, 제12조 및 별지 제4호 서식 앞쪽 중 '보
건복지가족부장관'을 각각 '여성가족부장관'으로 한다.
⑭ 및 ⑮ 생략

부칙[2011.3.29. 제12호]

제1조 (시행일) 이 규칙은 2011년 6월 1일부터 시행한다.

제2조 (소득인정액의 범위에 관한 적용례) 제8조의 개정규정은 이 규
칙 시행 후 최초로 특별지원청소년 선정 신청을 한 경우부터 적용한다.

윤성일 ―――――――――――――――――――――――――――

  국제문화대학원대학교 박사과정
  대한 예수교장로회 대동교회 담임목사

안홍선 ―――――――――――――――――――――――――――

  Baguio Central University 교육학박사
  국제문화대학원대학교 교수

青少年 認知的 沒落을 中心으로

청소년
자살행동과
특성

초 판 인 쇄 | 2012년 06월 29일
초 판 발 행 | 2012년 06월 29일

지 은 이 | 윤성일·안홍선
펴 낸 이 | 채종준
펴 낸 곳 | 한국학술정보㈜
주   소 | 경기도 파주시 문발동 파주출판문화정보산업단지 513-5
전   화 | 031) 908-3181(대표)
팩   스 | 031) 908-3189
홈 페 이 지 | http://ebook.kstudy.com
E - m a i l | 출판사업부 publish@kstudy.com
등   록 | 제일산-115호(2000. 6. 19)

ISBN   978-89-268-3476-3-93370 (Paper Book)
         978-89-268-3477-0-98370 (e-Book)